強い組織づくりと
未来の事業戦略は
トップの問題解決力に
かかっている

コーチング思考

五十嵐 久

マネジメント社

まえがき

会社を経営していると、さまざまな壁にぶつかります。

「優秀な人材が育たない」
「売上が安定しない」
「社員との意思の疎通がうまくいかない」
「後継者が見つからない」

など、会社経営における課題は千差万別です。会社の数だけ経営者の悩みがあると言ってもいいでしょう。

問題が無数にあるなら、それを解決する方法も一様ではありません。

そして自社の状況に合わせた対策を考え、実行できるのは、経営者や社員などの当事者だけです。

しかし忙しい日々のなかで、経営者が将来の会社の姿を含めて、落ち着いて物事を考えるのは、なかなか難しいことではないでしょうか。

私自身が経営者であり、毎日多くの経営者と接しているなかで、根本的な問題について考えることの難しさを感じています。

申し遅れました。五十嵐久と申します。私は株式会社コーチビジネス研究所という会社を経営し、同時にエグゼクティブ・コーチとして、経営者の皆さんのサポートをしています。エグゼクティブ・コーチとは耳馴れない職業だと思いますが、簡単に言うと経営者専門のコーチです。経営者の皆さんが、会社の課題を解決し、充実した人生を歩むためのお手伝いをしています。

コーチングとは、主にコーチとクライアントの一対一（1on1）の対話（セッション）を通じ、クライアントが望む人生を手に入れるため、思考や行動を変えるサポートを行うことです。セッションにおけるコーチの主な役割は、話の聴き役です。

「話を聴くだけで、何が変わるのか？」と思う人もいるかもしれません。

しかしコーチが質問を投げかけ、問いに対して自身の考えを深めていく過程で、クライアントは、自分自身とその周りのさまざまなことに気づいていきます。

すると行動や人との接し方が変わっていきます。取引先や社員との関係がよくなり、その他に抱えていた課題もよい方向に向かっていきます。

私は５０００件近くに及ぶ中小企業支援を通じて、その様子を見てきました。


多くのサポートをしていて感じるのは、壁にぶつかり、乗り越えて飛躍していく経営者は、例外なくどこかで「変わる決意」をしているということです。

本書では、コーチングで用いられる考え方、すなわち「コーチング思考」を応用して、経営者の方に、自分を変える力を身につける方法をご紹介しています。

次のような課題を持つ経営者にとって、解決のヒントになるはずです。


「売上が安定するような、強い組織をつくりたい」

「社員のモチベーションを上げたい」

「社員に経営理念を浸透させたい」
「経営について相談できる相手がほしい」
「後継者を育てたい」

コーチング思考で取り扱うのは、主に組織づくりや人材育成など「人の問題」です。今さら言うまでもありませんが、人の問題というものは「こうすれば、こうなる」といったノウハウどおりに事が運ぶことが少なく、解決するのが難しいものです。

組織には組織の風土があり、経営者には経営者の個性があります。人の問題を解決するために最も重要なのは、自分自身を知り自分を変えることにあると、私は考えています。

そしてまた人の問題には即効性のある解決法は少なく、時間をかけて徐々に変わっていくものです。むしろ、早く何とかしなくてはと焦り、急いで他人をコントロールしようとすることには危険な場合があります。人を変えることはできませんが、コーチング思考によって考え方や意識の持ち方は誰もが変えることができます。

コーチングというと、「単なるコミュニケーションの技術」とか「人を思うように使えるようになる技術」だと思われることがよくありますが、それは違います。

コーチングとは、哲学であり思想です。人間にとっての根源的な問いについて考えることです。人間学と言ってもいいかもしれません。

コーチングが目指すものは、一人ひとりが、よりよい人生を送ることです。そしてエグゼクティブ・コーチングの目標は、何よりも人と組織の可能性を最大化し、経営者の皆さんが自分で自分をよりよく活かせるようになることです。

コーチング思考の原点とも言える、「心の科学の共通理念」があります。

1. 自己理解できた分だけ他者理解できる

2. 相手を変えることは難しい

3. 自分が変われば、相手が変わる可能性が高くなる

本書では、そのようなコーチングの考え方について紹介していきます。
読者が「成果を出す経営者」としてだけではなく、「成果が出せる幸せな経営者」となることを願っています。

2024年3月
五十嵐　久

目次

第1章
経営者一人にコーチ一人の時代がやってきた

経営におけるコーチは、経営者のパートナーとして、
対話を通して経営者の思考を刺激し、経営者の可能
性を最大限に発揮できるようサポートしていく。

経営者にこそコーチが必要な理由

オリンピックやプロスポーツなど、世界で活躍する優れたアスリートには、必ずと言っていいほど優れたコーチがついています。試合やトレーニングの場面でコーチの姿を見ないということは、ほとんどないのではないでしょうか？

例えばフィギュアスケートでは、演技終了後、選手とコーチは〝キス・アンド・クライ〟という場所で、２人で得点の発表を待っています。この名前の意味は〝喜びと悲しみの入り混じった場所〟ということだそうですが、アスリートにとってコーチとは、そのような感情を分かち合う存在であり、まさに一心同体といっても過言ではないでしょう。

アスリート同様、パフォーマンスを最大限に発揮することが求められる存在が経営者です。そして、経営者にとっても、自分の能力を引き出してくれる存在としてコーチは大切な役割を果たします。

経営におけるコーチは、一般的なスポーツコーチのような指導者ではありません。その仕事は、経営者のパートナーとして、対話を通して思考を刺激することで、経営者がその可能性を最大限に発揮できるサポートをすることです。具体的な経営戦略や方法論について助言するわけではありません。

「話を聞いてもらうだけで、何か変わるのか？」と思われるかもしれません。

じつは、話をするということには、大きな効果があります。

誰かと話をしていて、ふと「私はこんなことを考えていたんだ」「本当は、こう感じているんだ」などと気づくことはないでしょうか？

通常、話をする目的は、自分の考えや思いを相手に伝えることです。しかしそれだけではなく、話すことは、自分の考えに気づくきっかけにもなります。私たちは人との会話によって、自分の考えやアイデアを鮮明に認識できるのです。

人に話すということは、自分の声を自分の耳で聴くということでもあります。このことを「オートクライン」といいます。

コーチは「承認」「傾聴」「質問」「フィードバック」「リクエスト」などのコーチング・コミュニケーションを用いて対話をします。すると、さまざまな貴重な言葉が、話し手である経営者から生まれます。そして経営者は、その言葉を自分の耳で聴き、そのことによって自分の考えをまとめることができます。

コーチングの本質は、オートクラインを起こし、経営者自ら限界を超えることだと私は思います。

限界とは「型」と言い換えてもいいかもしれません。

経営者であれば、誰しも、経営を軌道に乗せ、安定させるための自分なりの「型」を持っています。

その「型」は、かつては成功要因だったはずですが、数年、数十年と時間が経つにつれ、時代とのズレが生じます。また、**長年にわたり、その「型」を基準にしてものごと**

を判断していると、いわゆる「視野狭窄」に陥りがちです。

そしてそれは、会社の業績悪化につながります。

企業の経営者は、問題が発生すれば、誰しもがそれを解決しようと精力を注ぎます。しかし、そのベクトルが間違っていたら、問題は一向に解決しないばかりか、悪化するばかりです。

ではどうするべきか。

古い「型」を破り、新しい視座を獲得することです。

これは、「言うは易し行うは難し」です。残念ながら、どんなに優れた経営者であっても、一人ではできません。

だからこそ、コーチが必要です。

コーチは、対話を通じて、経営者自身が古い「型」を破り、新しい視座を獲得するためのサポートをします。

時代が大きく変わろうとしている現代、経営者が自分の能力を存分に発揮して会社を発展させるためには、コーチが必要です。

裸の王様に「裸ですよ」と誰が言える？

ソフトバンクの孫正義氏やファーストリテイリングの柳井正氏のように、経営者には、カリスマ性があり、リーダーシップが強いタイプの方が多くいます。

特に創業社長の場合には、それが顕著だと思います。

このような経営者がトップにいる場合、従業員が経営者に異を唱えにくい、あるいはそもそも異を唱えようと思わないという社風になりがちです（ソフトバンクやファーストリテイリングがそのような会社だと言っているわけでは、決してありません）。

特に中小企業には、社長に物申す取締役や従業員が極めて少ないということがままあります。

このような会社では、経営者が誤った判断をしたとしても異論が出ることはほとんどなく、経営者本人が過ちに気がついて判断を改めなければ、業績に大きな影響を与えてしまいます。

このような経営者は、いわばアンデルセン童話の「裸の王様」に登場する王様です。

そしてこの状況には、主に二つのケースがあります。


一つは従業員が、社長の言うことは何かおかしい、間違っていると感じていても、**「ほかの社員は正しいと思っているんだろう」と考え、特に何もせず、何も言わずに現状を追認している**場合です。

これは**〝多元的無知〟と呼ばれる行動で、「皆がそう思っているんだろうから、自分もそうする」という「空気を読んだ行動」**と言えるでしょう。

よく言えば、社長への信頼感が厚いとも言えるし、意地悪い見方をすれば、社員は、会社のことはもっぱら人任せ、とも言えます。


もう一つは、〝辣腕〟〝ワンマン〟と言われる社長にありがちなパターンですが、従業員が何を言っても社長が聞く耳を持たない、あるいは逆鱗に触れるのを恐れて、誰も何も社長に言えないという場合です。

このような会社は、悪い意味で空気が緊張で張り詰めていて、社員も本来の能力を発揮しづらく、何かのきっかけで業績が悪化すれば、社員の心は一気に離反しかねません。

裸の王様となるケースとしては後者のほうが多いかもしれませんが、いずれも経営者の強力なカリスマ性とリーダーシップが要因です。

会社を成長させてきたそのような経営者の資質は、他の人は持っていないものであり、それ自体は、称賛されるべきものです。

しかしその資質が、経営者本人が意図しない方向で、会社に悪影響を与えている場合が少なくありません。

この状況を改善するためには、経営者は、誰かに自分が裸であることに気づかせてもらい、自分自身が変わっていく必要があります。

コーチの役割の一つは、経営者との対話によって見えたことや感じたことを素直に本人へ伝え、自分を見つめ直す機会にしてもらうことです。

フィードバックを受けて、経営者は冷静に自分を振り返ることができます。コーチが経営者の「鏡」になります。

あるベンチャー企業の創業社長に、従業員が定着しないという悩みを相談されたときのことです。

社長は従業員に向かって「死ぬ気で頑張れ!」などと叱咤し、私の前でパワハラととれるような発言をしていました。

その社長は強いリーダーシップで会社を急成長させ、自分自身に非常に厳しく、さらに人の3倍は仕事をしてきたという方です。

そのため、自分と同じような働きぶりを従業員に求めてしまう気持ちもわかります。

しかし従業員の立場で考えれば、いつも怒号にさらされているような職場は辞めたくなるのも当然です。

そこで、私は、社長に次のように問いかけてみました。

「もしあなたが従業員だったら、今かけていたような言葉を聞いてどう思いますか?」

すると社長はハッとしたような表情で、こう答えたのです。

「会社にいたくなくなると思いますね……」

このような質問やフィードバックを重ねていくことで、社長は自分のパワハラ的な言動を自覚するようになりました。すると従業員への対応が柔らかくなり、退職者も減少、そして時を同じくして売上が増え、業績が安定していきます。

この会社の業績が向上した要因はさまざまに考えられますが、私は社内の関係性がよくなったことが大きいと考えています。

「裸の王様」では、大人は王様が裸であることを伝えませんでした。しかし子どもは素直にそれを指摘し、王様はようやく自分が服を着ていないことに気づきます。

この社長は、コーチという「子ども」のフィードバックを得ることで、自分の置かれた状況に気づき、改善することができました。

自分を変える勇気を持てる経営者が、会社を変えていけるのです。

あの伝説の経営者にもコーチがいた

「伝説の経営者」と呼ばれた、米ゼネラル・エレクトリック社の元CEO、ジャック・ウェルチ氏には、何人ものコーチがついていました。そのなかには、なんと20代の女性コーチもいましたが、もっとも著名なコーチが「コーチングの神様」と呼ばれたマーシャル・ゴールドスミスでしょう。

そのマーシャル・ゴールドスミスが『コーチングの神様が教える「できる人」の法則』（日本経済新聞出版社／マーシャル・ゴールドスミス、マーク・ライター著／斎藤聖美訳）という著書の中で、経営者が陥りがちな悪癖として次の20項目を挙げています。

少し長くなりますが、ここに引用して紹介します。

①極度の負けず嫌い
②何かひとこと価値をつけ加えようとする
③善し悪しの判断をくだす
④人を傷つける破壊的なコメントをする
⑤「いや」「しかし」「でも」で文章を始める
⑥自分がいかに賢いかを話す
⑦腹を立てているときに話す
⑧否定、もしくは「うまくいくわけないよ。その理由はね」と言う
⑨情報を教えない
⑩きちんと他人を認めない
⑪他人の手柄を横取りする
⑫言い訳をする
⑬過去にしがみつく
⑭えこひいきする
⑮すまなかったという気持ちを表さない

⑯人の話を聞かない
⑰感謝の気持ちを表さない
⑱八つ当たりする
⑲責任回避する
⑳「私はこうなんだ」と言いすぎる

いかがでしょうか?

多かれ少なかれ、このうちのいくつかに心覚えのある経営者は少なくないと思います。

ジャック・ウェルチに限らず、アメリカでは経営者がコーチをつけることはごく当然のことです。実際、**アメリカでは経営者の6~7割がコーチをつけている**といわれています。

アップルの創業者であるスティーブ・ジョブズ氏や、ノベル、グーグルなどの世界的IT企業のCEOを歴任したエリック・シュミット氏など、そうそうたる経営者にもコーチがいました。

経営者として華々しい経歴を持つシュミット氏は、初めてコーチを紹介されたときに「自分がこの男から何か学ぶことがあるのだろうか?」と思ったそうです。

しかしそのコーチは、1年後にはシュミット氏一人にとってだけではなく、グーグル全体にとって不可欠の存在となっていました。


訴訟社会のアメリカでは、弁護士はなくてはならない存在です。

しかし、エグゼクティブたちから、弁護士以上に頼られているのはコーチです。

多様な価値観が存在する多民族国家・アメリカには、人に悩みや経営課題を相談するというカウンセリングの文化があります。

対話することが、新たな気づきやアイデアの創出につながると信じているからです。

だからアメリカの経営者は、自分の思考を整理し、自分の鏡ともなってくれるコーチをつけます。

そしてその成果が、アメリカを、現在の世界でスーパーパワーたらしめているというのは、考えすぎでしょうか？

今は、ＶＵＣＡ(*)の時代ともいわれるように答えのない時代です。テクノロジーの進化は目覚ましく、人々の生活やビジネスの在り方も、日々、激しく変化しています。

価値観も多様化しており、社員一人ひとりが目指す自己実現と会社の目指す世界観との一致点をいかに見出すかが、経営のカギを握っています。

経営者はこれらの課題に直面し、かじ取りの難しさを感じているのではないでしょうか？　そんなとき、傍らに寄り添って話を聴いてくれるコーチという存在がいてくれたらどうでしょう？

経営者を支えるコーチがいて当たり前。日本でもそれが常識となる時代が目前に迫っています。

(*)ＶＵＣＡ……「Volatility（変動性）・Uncertainty（不確実性）・Complexity（複雑性）・Ambiguity（曖昧性）」の頭文字をとった言葉。将来の予測が困難であることを意味する。

コーチは経営者のよき「壁打ち相手」

日本人は、悩みを誰かに相談することを避ける傾向にあるようです。

「自分の弱みを誰かに見せるのは恥ずかしい」と考えてしまいがちなのかもしれません。

私はコーチになる前にカウンセリングを学んでいましたが、当時は「カウンセリングに通っている」と周囲に言うことが憚られるような風潮がありました。最近は心の病に対する世間の理解が進んだこともあり、ようやく、カウンセリングを受けることは普通のことであると受け入れられるようになったように思います。

コーチングも20年前に比べると広まってきた実感はありますが、やはりいまだに相談すること自体をネガティブに捉える人が少なくありません。

経営者は何でも自分で考え、一人で判断しなければならないと思いがちです。確かに**他人任せにせず自分自身で考えることは大切ですが、一人でできることには限界が**あります。

経営者の多くは一人で現場を取り仕切り、問題を抱え込みがちです。

その結果、いわゆる〝トンネル・ビジョン現象〟に陥ってしまう方も少なくありません。

これは、トンネルの中にいるときのような視界という意味から転じて、「物事や状況の一部しか見ていない」や「考え方が偏っている」などの意味です。

例えば、不快に思うことや心配なことがあると、それればかりが気になってしまい、ますますイライラや不安が募ってしまう。そんな経験をしたことはないでしょうか？

あるいは、「従業員が思うように動いてくれない」と悩んだことはないでしょうか？

実際のところ、従業員の積極性には濃淡があるのが普通です。

確かに、言われた通りのことをやるのが関の山という従業員もいますが、経営者の意向を先取りして自ら動くような従業員も必ずいるはずです。

しかし**トンネル・ビジョンに陥ると、「思い通りに動いてくれない人」に意識が集中し、ネガティブな感情に支配されてしまう**のです。

この状況が続くと、強いストレスにさらされ、最後には「バーンアウト・シンドローム（燃え尽き症候群）」になってしまうケースもあります。

一度ネガティブな部分に意識が向いてしまうと、そこから一人で抜け出すことは容易ではありません。そのような状況にならないよう、適切なフィードバックを行い、視野を広げてくれる人、すなわちコーチの存在が重要です。

経営者とコーチの間には、特別な人間関係も利害関係もありません。

何事も気にすることなく、ひたすら壁打ちをするように、不安や不満、希望や悩みなどに関してコーチと話をしていくと、いつの間にか視界が開けていくはずです。

壁打ちをするとき、「壁に勝ってやろう」とか「このままでは壁に負ける」と思う人はいないでしょう。壁打ちとは、勝ち負けのない、ボールを通じた自分との対話です。

コーチは、そのような**壁打ちの〝壁〟**です。

コーチと話をしているようで、本当の対話相手は自分です。

「困ったな」「つらいな」と思うことがあったら、悩みが深くなる前に、ぜひコーチと話をしてください。

相手のいない壁打ちでも、自分の打ち方によって、返ってくるボールの勢いや方向は大きく違いがあります。

そして壁打ちを続けていくと、「ああ、このくらいの力でこの方向に打てば、一番打ちやすいボールが返ってくるんだな」ということがわかってきます。

このことは、いわば壁にヒントをもらって自ら気づきを得たということでしょう。

「アート思考」を生み出すコーチング

近年、「アート思考」という言葉が注目されています。

アート思考は、芸術作品を生み出すように、独創性や発想力を重視した思考法であり、芸術や教育などの分野だけでなく、ビジネスの世界でも積極的に採り入れようとする動きがあります。

コーチング思考とアート思考との間には共通点があります。

それは絶対の正解を求めるのではなく、本人なりの答えを出そうとすることです。

そのアート思考の対極にあるのがデジタル思考です。

デジタル思考では、1＋1＝2というように、誰でも同じ結果になる「正解」が存在します。これまでは、このような「正解」のあるデジタル思考が重視されてきました。

そのほうが明らかにビジネスの成長速度が速く、経営者のニーズに適していたからです。
しかし予測不可能なVUCAの時代では、デジタル思考のように、論理的に考えて答えを出そうとすると、「こちらの場面では正解でも、あちらの場面では適切ではない」というように、無理が生じることが少なくありません。

人気作家であり、経営コンサルタントでもある山口周氏は、ベストセラーになった『世界のエリートはなぜ「美意識」を鍛えるのか？ 経営における「アート」と「サイエンス」』（光文社新書）の中で、経営学者であるミンツバーグの言葉を借りて「アート型」と「サイエンス型（前述の「デジタル思考」に近い考え方）」の経営手法を比較し、次のようにアート型の特徴や優位性を論じています。

〝このように様々な要素が複雑に絡み合うような世界においては、要素還元主義の論理思考アプローチは機能しません。そこでは全体を直覚的に捉える感性と、「真・善・美」が感じられる打ち手を内省的に創出する構想力や創造力が、求められることになります。〟

言い回しは少し難しいですが、要は、**「ものごとを形づくっている要素を分解して、それぞれを論理的に最適化しても成果は出ない。自分が想像力をもって全体をとらえ、解決策を考えていくことが重要」**ということでしょう。

そこが、コーチングとアート型思考の共通点だと思います。

コーチングでは、相手が持っている潜在力を対話によって見出します。コーチが相手の能力を分析し、定型に当てはめて答えを与えるわけではありません。

コーチングでの対話は「傾聴」がベースになっています。ただ「聞く」のではなく、積極的に「聴く」。相手が話している内容はもちろん、話そうとしていること、まだ話していないこと、さらには相手自身が気づいていないこと、つまり「相手全体」が発することにまで深く耳を傾けていきます。

そうすることで、相手の中にあるたくさんの考えや感情が言語化されて整理され、おのずと自分の答えを見つけられるようになります。

ＶＵＣＡの時代にあっては、自分自身の中にある感情や創造性をベースにして考えを組み立てていくアート思考、そしてコーチング思考が重要です。

人は他者と関わることで成長していく

心理学者のカート・フィッシャー博士が提唱した「ダイナミックスキル理論」という考え方があります。「私たちの能力は環境や状況などのさまざまな要因による影響を受け、変化しながら成長していく」という理論です。

従来の発達心理学では「人の能力は、階段を一歩一歩登っていくように成長する」と捉えていますが、**フィッシャー博士のダイナミックスキル理論では、人の能力は単純な直線を描きながら成長していくもの（静的）とは捉えていません。**

停滞したり、かと思えば急激に伸びたり、あるいは一時的な退行をしたりと、ダイナミックに成長していくもの（動的）であると考えています。

私たちの能力は、人や組織など、自分以外の他の能力と関係し合いながら成長していくという特徴があります。

例えば、次のような経験をしたことはないでしょうか？

・同僚と一緒に仕事をすることで、本来持っている能力以上の力を発揮できた
・上司の助言によって、能力が飛躍的に高まった
・上司から教えを受けているときはうまく実践できていたが、一人になるとうまくいかなくなった
・上司から立て続けに厳しい指摘を受け、本来できるはずのことができなくなった

これらのことは、自分の能力の発揮・成長に対して、他人が強く影響していることを物語っています。ただ、一進一退はありながらも、人は、人との関わりのなかで成長していくものです。

次の図は、ダイナミックスキル理論での「動的な成長」をイメージにしたものです。

「最適レベル」とは、他人からのサポートを受けて発揮することができる、自分の能力です。

成長を支援する（カート・フィッシャーのダイナミックスキル理論）

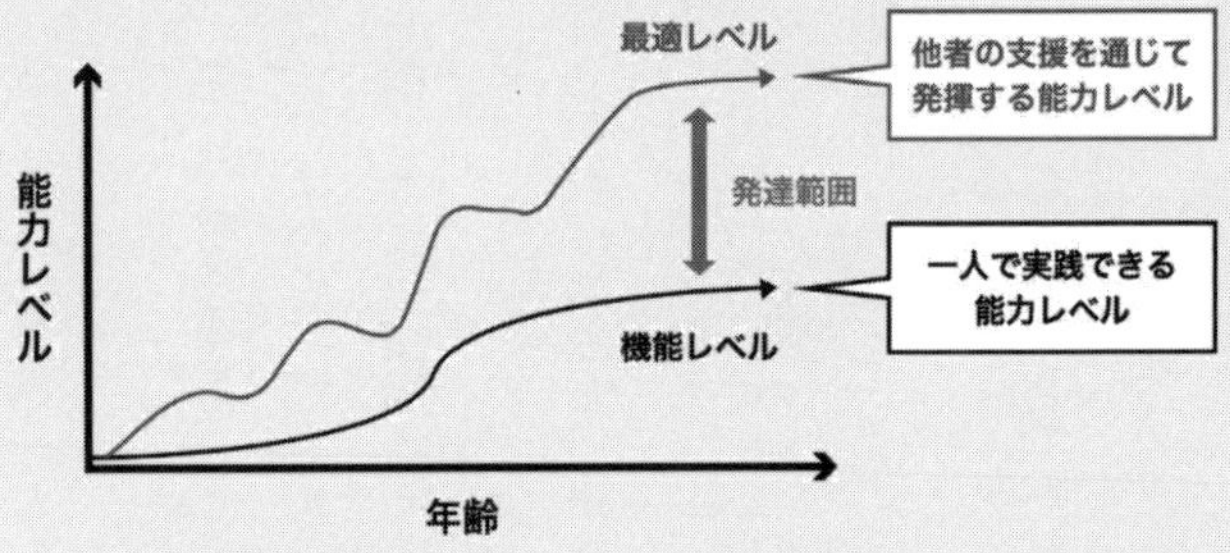

参考「成人発達理論による能力の成長」（日本能率協会マネジメントセンター）

一方の「機能レベル」とは、他人の支援なしに発揮することができる、自分の能力のことです。そして最適レベルと機能レベルには差があり、フィッシャー博士は、このギャップのことを「発達範囲」と呼んでいます。

上の図を見ると、発達範囲は、年齢を重ねるに従って拡大していくことがわかります。

つまり、年齢を重ねるにつれ、人は、他人のサポートを受けたほうが自分の能力をより高めることができるということです。

コーチングでは、まずクライアントの「ありたい姿（ゴール）」を設定します。そのゴールに対して、人脈や知識、経験など、現在持っているリソースを明確化します。

最初は「自分には何もありません」と答えに詰まる人も多いのですが、セッションの中で、今までに培ってきたリソースの存在に気づきます。

そのうえで、コーチの問いに答えながら思考を整理して、どのような道のりをたどればゴールに近づけるのかを一緒に考え、優先順位を決めて実行をサポートしていきます。

私たちは一人でも一定の「機能レベル」までは成長できます。しかし誰かのサポートを受けることで、より高い「最適レベル」の能力を発揮できるようになります。才能を最大限に発揮するためには、積極的に他者との関わりを持つことが大切であることを示しています。

あなたへの質問

1. 未来の成功している自分から見て、今起きていることはどんな意味があると思いますか？
2. あなたが自分と約束しなければならないことは何ですか？
3. どんなステップを踏めばよりゴールに近づきますか？

第2章

人と組織の可能性を最大化するコーチングマインド

自分の持っている専門知識や情報をもとにクライアントの課題を見つけ、その解決方法を提案するのがコンサルタントである。一方、コーチの役割は、クライアントが自ら課題に気づき、自ら解決策を見つけることのサポートである。

エグゼクティブ専門のコーチングは何が違うのか？

コーチングは、個人の可能性を最大化することを通じて、組織のあり方も大きく変えることができます。

本章では、「組織とコーチング」に焦点をあてて説明していきます。

その前に、まず「コーチング」の始まりからお話ししましょう。

「コーチ=coach」の語源は、15世紀にハンガリーの町「Kocs（コウチ）」でつくられた四輪馬車です。乗合馬車として活用されたことから、やがて「その人が望むところまで送り届ける」という意味に派生したと言われています。

そしてコーチングという言葉が世の中に公式に登場したのは、1974年にアメリカで出版されたティモシー・ガルウェイ氏の著作『インナーゲーム（原題："The Inner Game of Tennis)』（日刊スポーツ新聞社／後藤新弥・訳）がきっかけと言われます。

当時、テニスのコーチをしていたガルウェイ氏が、「自分がすでに持っている能力を、自分らしく自然な形で最大限発揮するための思考法」を発表したのが同著ですが、これが当時、テニスをしていたエグゼクティブを介して、ビジネスの世界へ広がりました。

教えるのではなく、その人の内側にある能力を発見するお手伝いをするもので、コーチングの原点の一つとも言われています。

当時は、組織が掲げる目標に向けて上司が部下を管理し、指示・命令によって働かせるという、いわゆる従来型の管理型マネジメントが主流でした、

そのようなビジネスの世界においては、対話によって部下のやる気や能力を引き出す「コーチング」の考え方や手法は、大きな意識の転換を迫るものだったのではないでしょうか。

そしてこの、人のやる気と能力を発見する「コーチング」という手法がマネジメント

層に広がり、コーチングをする人を「コーチ」と呼ぶようになりました。

コーチは、クライアントが人生の目的や目標にたどり着けるように対話を通じてサポートします。実際にコーチングの現場で行われる対話は、クライアントが話したいテーマに沿ったものであり、コーチはしっかりと聴いて質問する、ということを繰り返します。


コーチングは、その対象者によって3種類に大別できます。

一般個人を対象に、人生をより豊かにすることを目的に、個人のさまざまなニーズに応えていくのが、ライフコーチングです。パーソナルコーチングとも呼ばれます。

次に、**ビジネスパーソンを対象に、ビジネス上の成果や職場の問題解決などをテーマに、ビジネスでのより高い成果を上げることを目的にして行われるのがビジネスコーチング**です。

そしてもう一つが、**経営層を対象としたエグゼクティブコーチング**です。

もともとエグゼクティブコーチは「選ばれたコーチ」、つまり年間で何億円も稼ぐようなトップレベルのコーチを指す言葉でしたが、現在は、社長や役員、部長など、経営者や経営幹部に対するコーチという意味で使われています。

エグゼクティブコーチングで取り扱うテーマは多岐にわたります。一口に経営者と言っても、大企業の社長と中小企業の社長では、抱えている課題が異なります。また、創業社長と事業承継者、オーナー社長と雇われ社長、役員と部長など、立場によってもコーチングの目的は違います。

例えば社長の場合であれば、解決するべき課題として、経営理念の策定や後継者育成、組織づくりなどがあります。さらに、本人のキャリアや健康問題、家族関係など、プライベートな問題が取り上げられることも少なくありません。

また、エグゼクティブコーチングの特徴として挙げられるのは視座・視野・視点の違いです。

ライフコーチングとビジネスコーチングで取り扱うテーマは、個人の人生・キャリアにおける課題が中心であり、利害関係者も家族や友人、所属する組織にとどまります。

一方、エグゼクティブコーチングでは、経営者自身のことだけではなく、組織のメンバーやその家族、株主、取引先、場合によっては地域社会など、幅広い利害関係者に対する影響を考えなければなりません。そのためサポートするコーチにも広い視野、そして高い視座が求められます。

エグゼクティブコーチと他のコーチの視点について、主な違いを整理すると、次ページの表のようになります。

エグゼクティブコーチと他のコーチの違い

	ライフコーチ	ビジネスコーチ	エグゼクティブコーチ
対象	一般個人	ビジネスパーソン（組織人）	経営者・幹部
主な目的	自己実現と成長 自分らしく生きる 幸せ・健康	・自己実現と成長 ・組織への貢献	・事業の持続的発展 ・従業員の幸せ・顧客満足 ・経営者自身の成長
利害関係者	家族・友人	所属組織の上司・同僚 家族	・従業員とその家族 ・顧客、取引先 ・株主 ・地域住民
特に考慮すべきコーチの視点	目的／自己受容／自己承認／自己肯定感／他者信頼／貢献感／ニーズ／欲求／価値観／考え方／行動／習慣／思い込み／家庭環境／生育環境		
		組織と自分の目的・価値観の調和 自責と他責 主体性 思考の枠	パーパス（存在意義）／ ミッションビジョン・バリュー／ 原理原則・倫理観／悪癖 アカウンタビリティ／思想・哲学
		組織の中の個人 組織の権力関係	経営者自身 組織の利害関係者 社会・環境
			視座・視野・視点 パワークエスチョン 価値観の再構築 利害関係者への インタビュー＆アセスメント

なぜコンサルティングではなくコーチングなのか？

コーチとコンサルタントは似たような存在と思われがちです。

確かにコンサルティングもコーチングも、目指すゴールはクライアントの課題解決であり、その点で、どちらも目的は同じであると言えますが、両者のアプローチはまったく異なります。

自分の専門知識や情報をもとにクライアントの課題を見つけ、その解決方法を提案するのがコンサルタントです。

一方、コーチの役割は、クライアントが自ら課題に気づき、自ら解決策を見つけることのサポートです。

多くの経営者は、自分自身の事業や経営に関しては、自信を持っていると思います。

また、自社が属する業界について、誰よりも詳しいはずです。

そのような自負があるためか、今までたくさんの経営者にお会いしてきましたが、基本的に人から「ああだ、こうだ」と言われるのが好きではない経営者が多いと感じています。

コーチングの基本的な考え方に、「答えはその人の中にある」というものがあります。あなたにとって価値のある答え、あなたの未来に必要な答えは、あなたの中にしかないはずです。私たちコーチはそれを見つけるパートナーです。

コーチングの本質は、「答えを与える」のではなく、「あなたが持っている力によって、自分で自分を活かせる」ようになっていただくことにあります。

第1章で述べたように、コーチが重視するのは、課題の解決だけではありません。課題を解決するためにクライアントが成長していく、そのプロセスです。

コンサルティングは、一般的に「モノ」や「コト」「仕組み」に焦点が当てられるのに対し、コーチングは、クライアントが経営者であれば、「経営者の感情や気持ち」「課

題との向き合い方や考え方」に焦点を当てます。そこが、コンサルティングとの根本的な違いになります。

例えばコンサルティングでは、「人事評価制度を構築してほしい」といった依頼を受けることがよくあります。しかし、人事評価制度をつくることはできたとしても、「何のために制度をつくりたいのか」「それをどう運用していくのか」「社員は理解しているのか」「適正な評価を行う評価者は育っているのか」など、考えなければならない大切な問題はたくさんあります。

人事評価を行うための「評価者研修」にしても、1日、2日の研修があり、「研修したので後はしっかりやってくれ」という形で終わっているケースがほとんどではないでしょうか。そのため、高いコストをかけて評価制度をつくったものの、「うまくいっていない」「制度が形骸化してしまっている」という状況になっている企業が散見されるのです。

私もこれまで多くの経営者にお会いしてきましたが、とにかく早く「答え」を知りたいという経営者が多いのが現実です。もしかしたら、この本を手に取っているあなたもそうかもしれません。「もう十分考えているよ」「わからないから聞いているんだ」という声が聞こえてきそうです。

責任ある経営者として、おそらく誰よりも深く会社のことを考えているだろうことも理解できます。

だからこそ、その「想い」や「考え」をコーチにぶつけてほしいのです。**どんな天才でも一人で考えることには限界があり**ます。ぜひ、コーチを壁打ち相手にしてみてください。新たなヒントが見つかるかもしれません。

制度面のような表面上の問題だけでなく、隠された真の課題と向き合うためには、「コーチング的なアプローチ」が必要であると私は思っています。

「社員に自分の考えが伝わらない」と悩む経営者

あなたは自分の考えを、社員がどの程度理解してくれていると思いますか？

経営者のなかには「自分の考えが社員に十分に伝わっていない」と感じている方が少なくありません。

社員が、会社の理念やビジョンと相容れないことをしたり、指示した通りに動いてくれなかったりすると、あなたも「なんでウチの社員は自分の言うことを理解できないんだ！」と不満を感じたり、あるいは「自分についてきてくれる社員はいないのか……」と思ってしまうこともあるかと思います。

リーダーによる影響力には、大きく分けて二つの要素があります。

それは**「誰が言っているか？」**という**「話者」**、そして**「何を言っているか？」**という「内容」です。

「話者」はさらに、能力的側面と人間的側面の二つの要素に分解できます。

能力的側面というのは、業務に関する実績や、遂行する能力です。

経営者の場合、能力的側面については自信を持っている方がほとんどだと思います。

能力や実績があるからこそ、会社を経営できているわけですから。


考えてみる必要があるのは、人間的側面です。

これは「信頼関係」とも言えますが、経営者と社員の信頼関係が築けていないと、どんなに素晴らしいことを言っても社員に受け入れられないことがあります。

あなたも人間的に「尊敬できない人」「信頼できない人」の話は聞きたくないですよね。


しかし、そのような信頼関係が十分でない状況でも、経営者と社員という力関係を持ち出して事態を解決しようとする経営者も少なくありません。そしてそのような対応は社員との関係をさらに悪化させてしまうことになりかねません。

一時的に、社長の威信が保たれたとしても、「面従腹背」という言葉通り、社員の心はますます社長から離れていってしまうでしょう。

次に「何を言っているか？」という「内容」についてですが、こちらも、論理的側面と感情的側面から考えてみる必要があります。

社員にわかりやすく伝えるためには、論理的に筋道を立てて説明していくことは、もちろんとても重要なことですし、それを得意にしている経営者も多いと思います。

しかしながら、いくら筋道を立てて論理的に話しても、聴き手は感情を持った社員です。社員の感情に訴えなければ、あなたの考えを受け入れてもらうのは難しいでしょう。

このことを忘れて、「伝えたつもり」になっていないかを考えてみる必要があります。

最近は、経営の指針として「ミッション、ビジョン、バリュー」や「パーパス」を掲げる企業が増えてきました。

これらは、いわば「会社のありよう」を示したものであり、本来は経営者と社員が一緒になってその実現に向けて取り組むべきですが、立派な理念やビジョンを掲げたものの、「形」だけものになってしまっているケースが少なくありません。

その状況をなんとかしようと、「毎日、朝礼で経営理念を唱和する」「年頭挨拶や会議などでビジョンについて話す」といったように、さまざまな機会を利用して社員に理解してもらえるよう努めている方もいると思います。

しかしながら、経営者が一方的に思いを話すだけでは、その思いを社員が理解し、行動に移すようになることは難しいでしょう。

「なんでみんなわかってくれないんだ！」とあなたも歯がゆい思いをしているかもしれませんが、この課題を解決するために有効なのは、コーチング型のコミュニケーションを用いて社員と「対話」を繰り返すことです。

例えば会社の理念が「顧客主義」だとしましょう。

そのこと自体は、社員であれば、当然知っているはずです。しかし、その捉え方はどうでしょうか？

顧客の要望は絶対と考えるのか、顧客のためにならないことであれば要望を断るのか、そもそも「顧客」とは誰のことなのかなど、社員一人ひとり、「顧客主義」についての考え方は異なります。

社員個々人は各々の「顧客主義」に基づいて行動しているにもかかわらず、経営者の目には「ウチの社員は経営理念を理解していない」と映ってしまうのはそのためです。

だからこそ、社員が「顧客主義」についてどのような考えを持っているのか、聞いてみることが必要なのです。

会社が考える「顧客主義」や、経営者がその考えに至った経緯などを説明し、それについてどう思うか、また、自分が顧客や経営者の立場だったら、どのような行動をするかなどを聞く「対話」の場を持つようにします。そして「対話」の機会は一回だけではなく、常に繰り返すことです。その繰り返しによって、効果が生まれるからです。

面倒なことだと思うかもしれませんが、このことが社内に「対話」の文化を育み、大きな成果につながっている企業があることを考えていただきたいと思います。

ここで注意してほしいのが、**社員との「対話」とは、社員に会社の理念を教えることではない**ということです。社員の考えを聞いたとしても、そのあと「君の考えはわかるけど、会社の考えは○○だから、これからはそれに従ってほしい」と、一方的に会社の考えを説明するだけでは、毎朝お題目を唱えているのと変わりがありません。

否定や批判をせずに、まずは社員の考えをしっかり聴くという姿勢がないと、せっかく「対話」の機会をもっても、うまくいきません。また、「対話」を成立させるためには、言いたいことが自由に言えるという雰囲気づくりが欠かせません。

そして「対話」を通して経営理念の共有を図り、具体的な行動については社員自身に考えてもらうことが大切です。

何が悪いか（原因）ではなく、何を求めているのか（目的）を考える

マネジメントや業務改善では、「課題を見つけて原因を探り、解決する」という手法がよく用いられます。これを「原因論」と呼びますが、コンサルティングは基本的にこの考え方に基づいて行われます。

一方、**コーチングは原因だけではなく、目的に目を向けます。何が悪いかではなく、何を求めているのかに注目する「目的論」**です。これは、心理学者のアルフレッド・アドラーの考え方であり、「原因論」の対局にあるものです。

何か問題が発生し、うまくいかないときは、一般的に「なぜうまくいかなかったのか」と、その原因を探ります。このように物事や仕組みの問題点を探るときには原因論は有効ですが、人の問題に関しては、原因論よりも目的論で考えるほうが有効であるとアド

ラーは考えました。

目的論とは、「すべての行動には目的がある」「すべての感情には目的がある」とする考え方です。

組織においては、「原因は何だ？」「どうしてこうなったんだ？」「誰がやったんだ？」と、問題を引き起こした原因や責任の追及をして、問題の原因を取り除くという方法をとることが多いと思いますが、一歩進めて、「問題行動を起こした人は、何のためにそんなことをしたのだろうか？」「その問題を起こすことで、どんなメリットを得ているのだろうか？」を考えてみてください。

そしてさらに「本当はどうしたいのか？」という、その人の未来の目的を考えてみます。

「社員が思うように動いてくれない」というときにも、**「なぜ社員が動いてくれないのか」を考えるのではなく、「社員はどうしたいと思っているのか」「何を大切にしているのだろうか」を考えてみると、**これまでとは違う景色が見えてくるかもしれません。

原因論の考え方は、問題解決をする過程ではとても有効であり大切なことですが、人の認識に関わる問題の解決には、原因論は適さないことが多くあります。

例えば、仕事のミスをしてしまい、上司が部下に向かって「ちゃんと確認しろと言っただろう。何度言えばわかるんだ！」といった場面を想定してみてください。

「確認すべきところを確認しなかったためにミスをしてしまった」というのは事実であり、注意されて当然のことです。

そのとき、部下が上司を尊敬している場合なら、「申し訳ありません。確認を怠りました。以後気を付けます」と素直に聞いてくれることもありますが、そうでなければ、部下によっては、「まったくうるさいな、自分だってできないくせに」と上司への批判を始める人もいます。あるいは「またミスしてしまった。俺はほんとにダメなやつだな。仕事が向いてないのかな……」などと自分を責めてしまう部下もいます。

上司を尊敬している部下や、成長意欲の高い部下の場合は、何事も前向きにとらえて次の行動に活かそうとするので原因論でもいい場合もありますが、心理学者アドラーは、「人は意識を向けたところが強化される」と言います。つまり、**欠点ばかり指摘さ**

れると、自分はダメな人間だと考え、自己肯定感がますます下がってしまうということです。

だから私は、原因論ではなく「目的論」で対応することをすすめています。

「今回もミスはしたけど、そのチャレンジ精神が君の強みだから、今回の経験を活かして次もチャレンジしてほしい」と、ミスを防ぐことよりも、部下のよい部分や成長に意識を向ける「目的論」で関わるようにするのです。

社員の「本当はどうしたいのか」に焦点を当てることが、社員の成長につながります。

コンサルティングの限界
「表課題」と「裏課題」

ハーバード・ケネディ・スクールでリーダーシップ論の教鞭をとったロナルド・ハイフェッツ氏は、企業で生じる問題を「技術的課題」と「適応課題」の二つに分類し「**適応課題を技術的課題で解決しようとすると、失敗を生む**」と言っています。

「技術的課題」とは、現状の環境を変えることなく既存の方法で解決できる課題のことで、一方の「適応課題」とは、自分自身のものの見方や、周囲との関係性が変わらないと解決できない課題を指します。

氏は「適応課題」について、以下のように表現しています。

「適応課題は、人々の優先事項、信念、習慣、忠誠心を変えなければ対処できない。発見を導くような高度な専門性だけでなく、ある凝り固まった手法を排除し、失うことを許容し、改めて成功するための力を生み出さなければ前に進められないのだ」
（『最難関のリーダーシップ ― 変革をやり遂げる意志とスキル』／英治出版／ロナルド・ハイフェッツ他・著／水上雅人・訳）

やや強引な分け方になりますが、「技術的課題」とはコンサルティング的な手法で解決できる、目に見える「表課題」であり、「適応課題」とは、解決法が表面上は見えていないため、コンサルティングでは対応が難しい、いわば「真の問題が裏に潜んでいる課題」と言えます。

「適応課題」の例としては、次のようなものがあります。

・社員は言われたことしかやらず、主体性・自律性が感じられない。
・若手の離職率が高くて困っている。
・定例会議など無駄だとわかっていながらやり続けている。

この適応課題に対しては、これまで一般的に行われてきた従来型のマネジメント研修や小手先だけのコミュニケーション研修では解決が難しくなってきています。裏側にある真の問題を見つけ、組織の価値観や個人の固定観念を変えなければならないからです。

心理学者のウィリアム・ペリーは、他人の自己変革を支援するとき、その人物について知っておくべき重要な情報が二つあると言います。

一つ目は、**相手が何を望んでいるのか**

二つ目は、**相手がどのような行動をとっていることが原因で、その目標を実現できていないのか**です。

課題を本当に解決するためには、裏の目標ともいえる問題の本質を明らかにしない限り、同じことを繰り返すことになります。

コーチングによって心の声に気づき、目的達成の障害となっていることや、本当はどうしたいのかを考えることが、真の問題解決への道だと私は考えています。

イノベーションのカギは対話にある

今のあなたが進んでいる道は、本当に進むべき道でしょうか？

時代の急速な変化によって、自分が選んだ道が最適解ではなくなってきている可能性があります。

効率化を考えるときには、「どうすれば現状のやり方をもっと効率化できるか」を考えますが、その前に「そもそも、今もそれをやる価値があるのか」と考えてみることが大切です。現状の効率化だけを考えていると思考停止に陥ってしまうことがあります。

当然ながらゴールに向かう道は一つではありません。


コーチングにおいて、クライアントは対話から気づきを得ます。企業のイノベーションもまた、対話から生まれます。

企業における「対話の文化」を非常に重要視しているのが、Googleです。同社では、効果的なチームをつくるために調査を進めた結果、もっとも重要な条件は「心理的安全性」にあるという結論を得ました。

心理的安全性とは、「自分が発言することによって、他のメンバーから拒絶されたり、罰を与えられたりしないと確信できる状態」のことをいいます。

わかりやすく言えば「このチームなら、何を言っても大丈夫」という安心感をメンバーが得られるということです。

一定のルールのもとで気兼ねなく自由に意見が言えることによって、異質なもの同士が結びつき、新たなものの見方やブレイクスルーが発生します。

儀礼的な交流や、ただの仲良しクラブではなく、会社の未来や存在価値について、社員同士が心から意見をぶつけ合える機会を、日常的に設けられるようにしたいものです。

いわゆる「風通しのよさ」は、コーチング思考に基づいた経営を実践していくうえで、非常に重要な要素です。

社員の幸せの価値観を探る

以前、ある上場企業の経営者にコーチングしたときのこと。

その経営者は「社員の『幸せの価値観』が知ることができたらいいと思う」という話をしていました。あなたは、社員の「幸せの価値観」について考えてみたことはあるでしょうか？

一口に「幸せ」と言っても、何が幸せなのか一人ひとり違います。

慶應義塾大学大学院で幸福学を研究している前野隆司先生は、幸せな状態になるには、次の「幸せの4つの因子」を伸ばすといいと言っています。

一つ目は「**やってみよう因子**」です。

夢や目標に向かって「やってみよう」と主体的に行動できる人は、幸福度が高い。

二つ目は「**ありがとう因子**」で、つながりに関わる因子です。周りの人とのつながりが感じられて、他者のために貢献したいという気持ちが強く、そしてそのときに「ありがとう」と言える感謝の心を持っている人は幸福度が高い。

三つ目は「**なんとかなる因子**」です。

常に前向きでポジティブに、「なんとかなる」と思える人は幸福度が高い。

そして四つ目は「**ありのままに因子**」です。

他者の目を気にせず、本来の自分のままに行動できる人は幸福度が高い。

以上の幸せの四つの因子のすべてが高い人は、幸福度が高いということです。

経営者の皆さんは、一つ目の「やってみよう因子」が特に高い人が多いと感じます。常に次に向かってチャレンジしていかなければならないので、ある意味当然なのでしょう。

では、経営者ではない社員は何に幸せや充実感を感じているのでしょうか。

それを知るためには、社員が関心を抱いていることに、関心を持つことが必要です。

そしてその次には、何がきっかけになって、そのことに関心を持つようになったかを聴いてみましょう。

人は誰もが、自分の関心を満たしながら生きたいと思っています。あらゆる価値は、その人の関心に表れていると言っても過言ではないでしょう。

ただし、その関心は常に変わるので、注意が必要です。

今の仕事に関心があって一所懸命取り組んでいても、飽きてしまうこともあります。目標を達成し、成果を出したことで満足してしまうこともあります。能力の向上とともに仕事が退屈になることもあります。

社員がもともとの関心を満たすために頑張っているのか、あるいはすでに飽きてしまっているのか、その状態を知るためには、社員との継続的な対話を欠かすことができません。


社員一人ひとりのことを、「やりたいことに挑戦できているか?」「会社とのつながりを感じて、周囲の人に感謝の気持ちを持てているか?」「自分を受け入れて前向きに物事を捉えられているか?」「自分の強みや個性を活かしてイキイキと行動しているか?」という視点から観察することを忘れずにいてください。

迷ったら「未来の自分」に聞いてみる

私たちは、あまり意識していないかもしれませんが、日々、さまざまな選択をしています。どこへ行こうか、何を食べようか、あの人に会うべきか、などすべてが選択の連続です。まして経営者であるあなたは、それ以上にたくさんの重要な選択をしているはずです。

そしてその選択には、私たちの価値観が反映されています。

もしも自分の価値観に沿って選択できているとすれば、あなたの「幸せの方程式」にしたがって、「幸せの価値観」に基づいた人生が送れるはずです。

しかし、私たちは、常に自分の価値観に沿って行動したくてもできないことがあります。それは、自分の中のもう一人の自分がしゃしゃり出てくるときです。

あなたも経験があるのではないでしょうか？

よくあるのは、独立や起業を考えたときです。創業経営者の方であれば一度はその声を聞いたことがあると思います。「独立・起業なんてお前にできるわけがない」「サラリーマンのほうが安定しているじゃないか、何でわざわざそんなリスクを負うんだ」といった、もう一人の自分の声です。


人間は基本的に変化を嫌います。今のままでいるほうが快適だからです。

このようなときの対処法としては、**もう一人の自分の声もしっかりと受け止めて、向き合ってみること**です。安易に逃げないことが大切です。


「自分は本当は、どうありたいのだろう？」

「どんな人生だったら『よい人生だった』と言えるだろうか？」

「たった今、充実した人生を手に入れるにはどうしたらいいのだろうか？」

「自分を駆り立てるものは何だろう？」

「人生で出会う人たちにどんな影響を与えたいのだろうか？」

などと、自問自答してみるのです。

そしてまた、コーチングをしていると、多くの人が幸せの探し方を誤っているのではないかと感じることがあります。

なかには「幸せな人生」や「充実した人生」を手に入れることばかりに集中して、そのために「何か」を求め続ける人もいます。

それは、お金やマイホーム、結婚、事業の成功などが多いのですが、コーチングでは、これらとは異なる視点で捉えます。「幸福感」や「充実した状態」をつくり出すにはどうしたらよいかということを考えてもらうのです。

幸福感や充実感は、今という瞬間だけ手に入るものではなく、生きている限り、常に手に入れられるものであるという考え方が前提にあるからです。

では、あなた自身に最高の喜びをもたらす場面とは、どのようなものでしょうか？

仲間と一緒に目標を達成できたとき、愛する人とともにいるときなど、さまざまだと思いますが、そのとき、思い浮かべたことの中に、あなたが、人生で最も価値を置いているものにしたがって生きている姿があります。

価値観が明確になると、自分にとって何が大切で、何が大切でないのかがわかります。そして、**人生でなくてはならないものは何か、充実した人生を生きるために何を信じ、何を選べばよいかも見えてくる**はずです。

コーチングの目的は、一人ひとりの「幸せの創造」にあります。コーチングとは、一緒に未来をつくる仕事です。

もし少しでも、自分の未来を垣間見ることができたらどうでしょうか？　未来の自分をイメージできたとき、それが私たちにどれほどの力を与えてくれるかは、実際に体験してみないとわからないかもしれません。

自分では答えを持っていないと感じるときでも、未来の自分は必ず答えを持っています。それは、常に冷静かつ思いやりをもって人生を振り返り、あなたにどれが正しい決断なのかを知らせてくれるはずです。

未来の自分は、あなたがいつもの思考の枠組みを超えて、「充実した人生とは何か」「幸せな人生とは何か」について考える機会を与えてくれます。

私たちコーチが目指すところは、一人では考えられないあなたの強みを発見し、あなたが人生の一瞬一瞬を輝いて生きるよう支援することです。

経営者であるあなたにも、ぜひ「幸せの価値観」に沿った人生を送っていただきたいと思っています。

あなたへの質問
1．今のあなたが選んでいる道は、本当に進むべき道ですか？
2．あなたにとっての「幸せの価値観」とは何ですか？
3．どんな人生だったら「いい人生だった」と言えるでしょうか？

第3章
社長が変われば会社は変わる

コーチングを効果的に活用できる人は、他者の視点や今の自分にない新しい視点を探求しようとするコーチャブルな人である。

コーチャビリティを伸ばす「SPACE」

GoogleやAppleなど、世界の名だたる企業のリーダーのコーチングをしたビル・キャンベルは、「コーチャブルな人」にしかコーチングを提供しなかったと言われます。

コーチャブルとは、Coach（コーチ）とAble（可能性）を合わせた言葉で、コーチングを受けられる状態である人のことを指します。

どんなことでも成長の糧にできる能力であり、優れたリーダーが持っている共通要素でもあります。コーチャブルな人は次のような特徴を備えています。

①自分を知っている（Self-Awareness）

自分の感情の状態に気づいていて、同時にそれが他者にどのような影響を与えているかを認識できます。自分の内面に意識を向け探求し続けることで、自身の「思考」「感情」

「ニーズ」「価値観」などに気づいています。**事実として起きたことと自分の解釈を切り分けて観察し、まるで第三者を見るかのように自分自身を俯瞰することで、自分にとってよりよい選択をしていく**ことができます。

②情熱がある（Passion）

人生で達成したい夢や目標があり、成長にとても意欲的で、新しいチャレンジを学びの好機として捉えます。**「絶対に実現してみせる」「やり遂げてみせる」という熱い情熱**を持っています。

③当事者意識がある（Accountability）

すべてのことは自分の選択や行動の結果であるということを理解しています。「〇〇してくれない」と他者を責める代わりに、目指すゴールに向かって**「では自分は何ができるか？　自分は何を変えられるか？」を問い続け、主体的に行動を**起こします。

④好奇心旺盛である（Curiosity）

新しいことに興味・関心を持ち、「まずはやってみる」という行動のスタンスを持っています。**変化を恐れず、失敗さえも学びにしていく**ことができます。

⑤実行力がある（execution ability）

段取りを決めて物事を遂行する力です。高い目的意識を持って、一度始めたからには確実に最後までやりとげます。

以上5つの英語の頭文字をとって、私は「SPACE」と名付けていますが、他者の視点や、今の自分にはない新しい視点を探求することに対してオープンである心の広さやゆとりがあるといった意味も含んでいます。

コーチャブルであることは、コーチングを受けることを前提にしたワードですが、優れたリーダーの要素としても挙げられているように、人生に大きく関わるマインドでもあります。

コーチャブルとは生まれつきの能力や傾向ではなく、そのときの心の状態でもあります。**コーチング思考を意識することで、よりコーチャブルな自分に**なれます。

ではここで、あなたのコーチャビリティを振り返ってみましょう。

5つの項目について、5～7個の設問がありますので、当てはまる場合は「YES」、そうでなければ「NO」を選んでください。

各項目において、YESが3つ以上ある方は、成果が出やすい人です。

一方、YESが少ないという人は、過去の経験が今の状況に何らかの影響を与えていることが多いので、「何が自分の思考・行動の足かせになっているのか」「本当はどうありたいのか」を考えてみるとよいでしょう。

コーチャビリティ診断（SPACE）

自分を知っている（Self-Awareness）		YES	NO
1	自分の価値観を理解している		
2	自分がどんな時に感情的になるかが分かっていて、コントロールできる		
3	自分の思考傾向や考え方の癖を理解している		
4	自分の言動が他者に与える影響を理解している		
5	他者の存在があって、自分が成長できると信じている		
6	フィードバックを謙虚に受け止めることができる		
7	自分がいつも正しい判断ができるとは限らないことを理解している		
情熱がある(Passion)		YES	NO
1	人生で達成したい夢や目標がある		
2	昨日よりも今日、一歩でも自分自身を成長させたいと思っている		
3	一度きりの人生、一生懸命生きなければもったいないという意識が強い		
4	社会に貢献したいという貢献意欲が高い		
5	自分に正直である		
当事者意識がある(Accountability)		YES	NO
1	すべてのことは自分の選択と行動の結果であると理解している		
2	他責ではなく自責で行動している		
3	常に自己責任のもと、主体的に行動している		
4	自らが変わることが問題解決につながると理解している		
5	今この瞬間を大事にしている		
好奇心旺盛である(Curiosity)		YES	NO
1	新しいものに興味・関心が強い		
2	どんなことからも学びがあるという意識を持って取り組める		
3	変化を恐れず、失敗さえも学びにしていくことができる		
4	他者の価値観を受け止めることができる		
5	他者に関心を持ち、否定、批判、評価の気持ちを持たず、他者の話を聴く姿勢がある		
実行力がある(execution ability)		YES	NO
1	高い目的意識を持ってやり遂げる強固な意志がある		
2	「まずはやってみよう」精神がある		
3	行動することでしか道は拓けないと信じている		
3	自己肯定感が強い		
5	可能性を信じている		
合計			

フィードバック受容力

ロケットは目標に向かって一直線に飛んでいるように見えますが、実際には、空気抵抗などの諸条件によって、少しずつ軌道にズレが生じているそうです。そのため、システムによって機体や軌道のズレを自ら感知し、軌道修正しているのです。

人も同じです。黙っていても真っすぐ飛んでいける、軌道修正がまったくいらない人などいないでしょう。

人にはそれぞれ行動のクセや認識の偏りがあり、歪みやバイアスがかかっています。そうしたなかで、真っすぐの方向に進んでいくには、自分に関してさまざまなフィードバックを受けながら、それを元に自分の思考のクセを知り、判断や行動を見直していくことが求められます。

私たちは、360度の方向から自分を見ることができないように、**自分が望む方向に成長するためには、自分が正しく進んでいるかどうかを誰かにチェックしてもらい、指摘してもらうことが欠かせません。**

今のあなたの会社には、そのようにフィードバックし合える環境はあるでしょうか？社内で言いたいことが言える環境や、お互いを尊重し、高めるためにフィードバックし合える文化がある組織は成長していきます。

コーチングのフィードバックは、相手の鏡のような存在になって、相手から「聞こえたこと」「見えたこと」「感じたこと」を伝えることです。

それによって、相手が軌道修正するのをサポートする役割を担います。相手が望む姿に向かって進もうとしているときに、最初に計画したとおりに進んでいるかどうか、進んでいないとしたら、そこには何があるのか、何が障害になっているのか。相手が気づいていないことがあれば、現状とのズレを伝えることで、相手が自分で軌道修正できるようにフィードバックします。

フィードバック（FB）受容力マップ

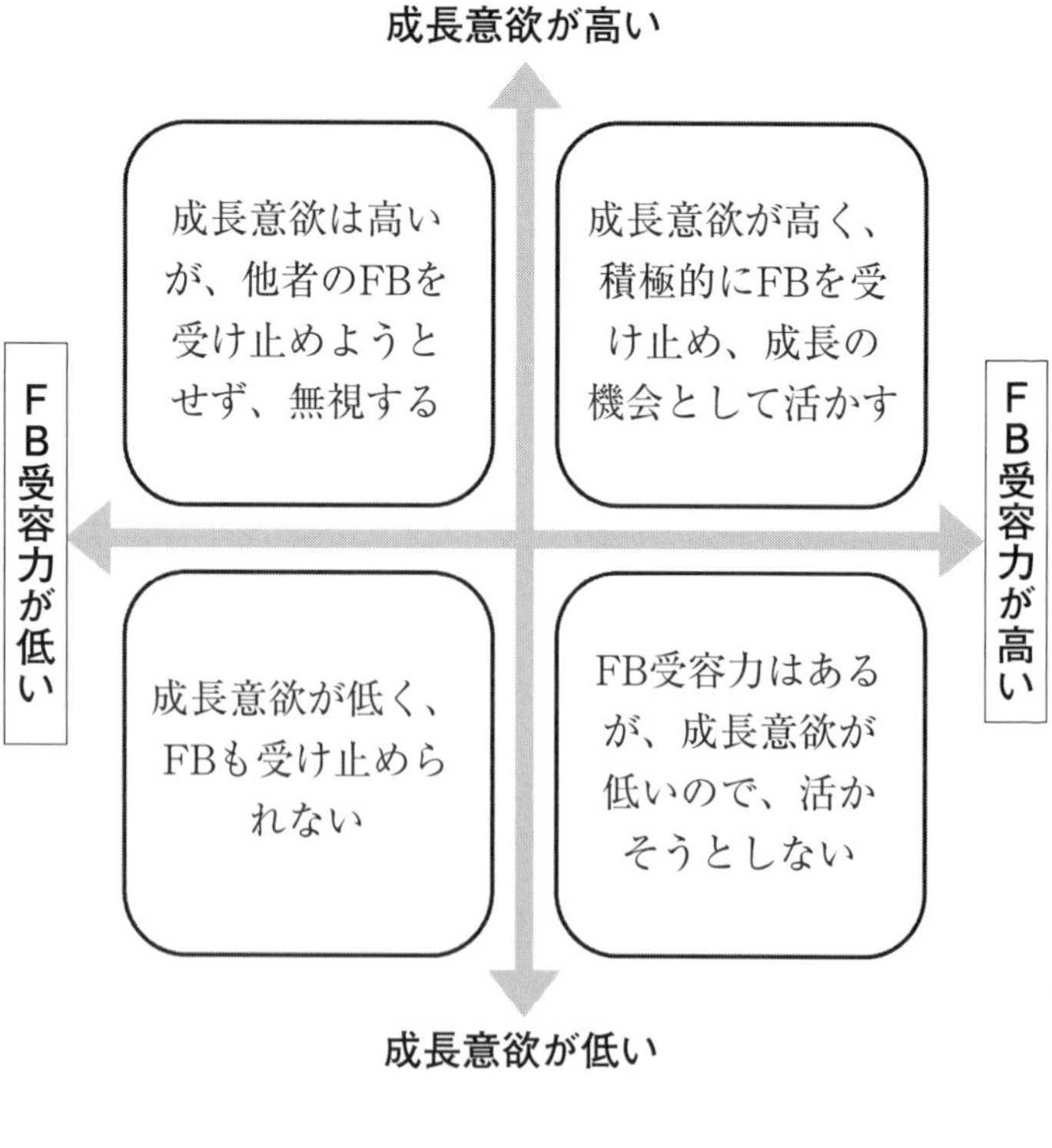

ビジネスの現場では、「できていないところを指摘して指導すること」をフィードバックと称して、部下を厳しく叱責するような行為も散見されます。

例えば、部下が営業のノルマを達成できなかったときに、「何でできないんだ！」「お前はいつもダメなんだから！」などと威圧的な言葉を放って、部下を精神的に追い込んでしまうような上司がいます。

これは、本来のフィードバックとはほど遠いコミュニケーションです。

部下が営業ノルマを達成できないのは、もしかしたら顧客対応や段取りのやり方が間違っているのかもしれず、あるいは個人的な事情を抱えているのかもしれません。

そうした部下の立場や思いを考慮せずに叱りつけても、部下の本質的な成長にはつながりません。フィードバックで最も大切なことは、「**相手の成長を願う気持ち**」です。

経営者が持つべき3つの基盤〝PVP〟

社長とコーチングをしていると、よく次のようなケースに出会います。

（例1）

社長　「いい人材がなかなか来てくれなくて困っています」
コーチ「もし社長が就職するとしたら、どんな会社に入りたいですか？」
社長　「そりゃ、給料が高くて、休みが取りやすい会社でしょうね。うちは無理ですが……」
コーチ「給料や休暇以外のポイントは何ですか？」
社長　「そうですね。やりたいことがやれる会社かな」
コーチ「では、社員がやりたいことをやれる会社にするために、今できることは何ですか？」

社長　「うーん……」

（例2）

コーチ「どんな人に来てほしいですか？」

社長　「そうですね。自分の考えに共感してもらえる人かな」

コーチ「社長のどんな考えを伝えたいですか？」

社長　「……」

コーチ「社長の考え方で、社長自身がもし改めなければならないことがあるとすると、それはどんな考え方ですか？」

社長　「……」

（例3）

社長　「若い人がすぐに辞めていくので困っています。せっかく採用して教えても、さぁこれからというときに辞めていく」

コーチ「それはお困りですね。若い人が辞めていく理由は何でしょう？」
社長「うちは給料、そんなに出せないからね。休暇がほしいという人も多いけど、うちみたいなベンチャー企業では必死にやらないと次のステージにいけないので、十分な休暇も与えられていないからなー」
コーチ「最近は、労働時間や休暇にこだわる若手が増えているようですね。他にどうですか？」
社長「何考えているか、よくわからないんだよね」
コーチ「厚生労働省の調査結果にも表れていますが、依然として人間関係に原因があるケースが多いようですね。また最近の調査では、会社の将来が不安、経営方針が明確でないという理由で辞めていく人も増えているようです。人間関係や経営方針の明確化という点では御社はどうですか？」
社長「社内の人間関係はそんなに悪くないのかと思っていましたがどうでしょうね。経営方針もちゃんと示しているつもりだけど、伝わってないのかなぁ……」

いかがでしょうか。

あなたの会社にも、覚えのあることはなかったでしょうか。
「自分の可能性を最大限に引き出してくれる会社で働きたい」と言って転職していく若手も増えてきています。

近年、企業の持続可能性を判断するための評価の基準として、環境（Environment）、社会（Social）、ガバナンス（Governance）のＥＳＧ投資が重視されています。**企業が利潤を追求するだけでなく、「社会的な課題の解決」に貢献する存在として求められている**からでもあります。そのため「我が社は社会正義に背いている」と、米国や欧州で、社員が経営陣の姿勢を問うような動きも広がっています。

冒頭で紹介したように、人材の確保や経営の在り方を問われたときに、私は、**経営者の支柱となるものは、Purpose（目的・存在意義）、Values（価値観）、Principle（原理原則）の三つである**と考えています。私が経営者にコーチングするときにも、常に意識しているのはこのＰＶＰです。
そこで、このＰＶＰについて説明したいと思います。

一つ目は、**Purpose（パーパス：目的・存在意義）**です。

パーパスとは、「我が社は何のために存在するのか」「なぜ、我が社は存在するのか」という根本的な問いに対する答えです。

経営者はパーパスを明確化することで、自らの社会的な存在意義を確認でき、経営判断においてブレない軸を持つことができます。またパーパスがあることで、社員の強い共感を呼び起こします。一人ひとりの社員が「このために自分はここで仕事をしている」と思えることができ、エンゲージメント（会社と社員のつながり）の向上につながります。

二つ目は、**Values（価値観）**です。

価値観とは、何に価値があると認めるかに関する考え方、価値を判断するときの基本となるものの見方、ものごとを評価・判断するときの基準となるものです。

次のような問いを考えることが、価値観の明確化につながります。

「あなたが会社経営で最も大切にしているものは何ですか」
「あなたが人生から真に得たいものは何ですか」
「あなたが最も幸福を感じるのはどんなときですか」

育った環境や周囲の人の影響などを受けて、価値観のように思っていたけれど、じつは違っていたという場合もありますので、注意が必要です。

三つ目は、**Principle（原理原則）**です。

何をして何をやらないか、絶対的・不変的な、行動の価値基準となっているものは何かということです。

言葉がその人の世界観をつくるといいます。どんな言葉、すなわちＰＶＰを持っているかによって、思考や行動、人生は大きく変わります。

それが、私がＰＶＰを重視する理由です。

よい問いを持つ

人は、どうすれば自分のあり方を認識することができるでしょうか？

自分では自分を認識できていると思っていても、他者からはまったく違うように受け止められているかもしれません。人は自分の在り方を自覚していないことが多く、それがどれほど自身の振る舞いや相手の反応に影響しているか、普段あまり意識していません。

自分の在り方を自覚するには、自分の内側で起こる感情的反応や、自分が相手にどんな印象を与えているかを観察しなければなりません。

発達心理学者は、このプロセスが人間的成長のカギだと言います。

自分自身と交わす会話が自分の在り方をつくります。そこで、よりよい自分になるために、自分への問いの種類を変えてみましょう。私たちは、他人の意見や自分自身の気まぐれな思いつきに左右されがちですが、自分への問いを変えることで、自分自身の思考を管理できるようになります。**問題を解決する一番よい方法は、よい質問を考えることです。**

例えば、元サッカー日本代表の本田圭佑さんは、2014年のワールドカップブラジル大会最終予選のとき、次のように話したそうです。

「人間って、『気が緩んでない』と自分で思っていても、気が緩んでいるもんだと思うんです。それをどう引き締めるかといったら、もうくどいほど自問自答するしかないと思っています」

本田さんが自分に対してどのような問いかけをして、どのように答えていたのかはわかりません。ただ大切なのは「よい問いかけを続けること」ということはわかります。

「よい問いかけ」とは、自分と向き合い、現状に疑問を投げかけ、方向性を確認できるような質問です。

何が「よい問いかけ」かは、あなたが置かれている状況によって異なりますが、経営者として次の5つの問いは常に持っていていてほしいものです。

「何によって憶えられたいか?」

「過去に囚われていないか?」

「本気で生きているか?」

「それは人間として正しいことか?」

「何のために我が社は存在しているのか?」

あなたは、思い通りにいかないと、ついイライラしたり、社員をどなりつけてしまったり、愚痴や批判ばかり言っているということはないでしょうか。

そんなときは、立ち止まって深呼吸して、次のような問いかけをしてみましょう。

「何に対して、そんなにイライラしているんだろう?」

「批判ばかりしていないだろうか?」

「自分はどうしたいと思っているんだろう?」

思考や行動を変えるには、次のような質問をしてみましょう。

「相手は何を考え、何を感じ、何を望んでいるのだろう?」

「私はどんな思い込みをしているだろうか?」

「他に、どんな考え方ができるだろうか?」

自分への「問い」が変わると、人生が変わります。そして無意識のうちに、周りの人が必要としているもの、望んでいるものに注意を向けることができるようになります。

社員との関係にも劇的な変化をもたらすと、私は確信しています。

思考のバイアスに気づく

気分が落ち込んでいると「社員にイライラをぶつけてしまう」ということはありませんか？　あるいは、「あのお客様との商談はうまくいくだろうか」「会社は大丈夫だろうか」などと、心配事ばかりが浮かんでくることも多いのではないかと思います。

「考え方を変えればいい」というのはよく言われることですが、考え方がすべてではありません。思考パターンがよくないとわかっていても、別の考え方をするのはなかなか難しいことでもあります。考え方は大事ですが、じつは私たちがすること・しないことのすべてが、気分に影響しています。

誰でも落ち込んでいるときには、何もやる気が起きず、仕事への気力も落ちます。仕事への気力が落ちると業績も上がらず、気分はさらに落ち込むという悪いサイクルにはまってしまいます。気分の落ち込みは、さらに気分を落ち込ませる行動を招きます。

まずは自分自身の状態に気づくことが大切です。

次のような自分への問いかけが役に立ちます。

「気分が落ち込む瞬間の前には何が起きていたか？」

「そのとき、どんなことを考えていたか？」

「どんなことに注意を向けていたか？」

「どんな感情が起きていたか？」

「そのときに感じた体の変化はどのようなものか？」

こうした問いかけをすることで、何が自分の気分や行動に影響を及ぼしているかがわかるようになります。自分の体と心に何が起きているかがわかるようになれば、さらに視野を広げて、周囲の環境や人間関係に何が起きているか、そしてそれが自分の感情や思考にどのような影響を与えているかにまで、目を向けられるようになります。

このように、思考と感情は影響し合います。思考は感情に影響し、逆に感情も思考パターンに影響します。気分が落ち込んでいるときに経験しがちな思考バイアスについて、心理学者のジュリー・スミス氏は、次のような例を挙げています。

コーチングでは、この思考のバイアスに対して、自分がいま抱いている考えは、多くの考えの一つにすぎないことに気づいてもらえるようアプローチしていきます。

すると、トレーニングによって、自分でも感情をコントロールすることができるようになります。「メタ認知」という方法です。**メタ認知とは、目の前の思考から一歩離れて、その思考がどんなものであるかを俯瞰して思考する能力**です。

バイアスのかかった思考をしている自分のことを、天井から見ている感覚と言えば伝わりやすいでしょうか。

この能力を身につけることで、落ち込んでいるときであれば「ああ、自分はこのようなときにこうした原因で落ち込むんだな」ということがわかります。このように客観的に自分を見つめることで、冷静な思考と行動を取り戻すことができます。

【思考バイアスの例】

思考バイアス	その内容	例
マインドリーディング	他人の考えや感情について勝手な思い込みをする	「彼女が連絡をくれないのは、私を嫌っているからだ」
過度の一般化	限られたできごとがすべてを表しているように思い込む	「試験に失敗した。私の将来は台無しだ」
自己中心的な考え方	他者も自分と同じ見解や価値観を持っていると決めてかかり、そのレンズを通して他者の行動を歪めて解釈する	「わたしは彼のように遅刻したりしない。彼はわたしのことを気にかけていないのだ」
感情的な推論	自分はそう感じるから、それが真実に違いないと思い込む	「わたしはわが子への罪悪感を覚える。だから悪い親だ」
心のフィルター	自分の思い込みを裏づける証拠を見つけようとする	「わたしが投稿した写真は、下手だから批判された」
～すべき思考	毎日が失敗の連続のように思える無情で非現実的な期待	「わたしはいつも完璧に見えなければならない」
全か無かの思考	絶対的あるいは極端な思考パターン	「満点を取らなければ、わたしは落伍者だ」

(『メンタルマネジメント大全』河出書房新社／ジュリー・スミス著／野中香方子訳より)

経営者としての次なる成長に向けて

「あなたは経営者として、どのような能力を高めたいと思っていますか？」

このような問いかけをしても、経営者として多忙な日々を送っている皆さんにとっては、自身の「成長」ということについて、あまりゆっくり考えている時間はないというのが正直なところかもしれません。

「能力」や「成長」と一口に言っても、当然、人によって求めるものが異なります。「成長したくても成長できない」「何をどのように高めたらよいのかわからない」という方も多いのではないでしょうか。

「成長」というと、能力やスキルの成長に焦点が当てられがちですが、「人間性」「人間力」と呼ばれる、人間としての成長もあります。人間としての器と言い換えてもいいかもしれません。

組織の中では、往々にして、いわゆる仕事ができて実績を上げた人が昇進して管理職になっていく傾向があります。そのため管理職のなかには、「なぜこれくらいのことができないんだ！」と、部下ができないことが理解できず、怒鳴り散らし、パワハラ的な言動をとっている人も見受けられます。

パワハラだけでなく、さまざまな企業の不祥事が今も後を絶ちませんが、「人間としていかにあるべきか」という根本的な思想・哲学が失われている結果のように感じているのは、私だけではないと思います。

京セラや第二電電（現ＫＤＤＩ）創業者で、日本航空の再建に力を尽くすなど経済界に大きな足跡を残した**稲盛和夫氏は常に「人間として正しいか」を判断基準にしていた**と言いますが、原理原則に則った考え方が必要であることを教えてくれます。

では、人間性はどのように高めることができるのでしょうか。その人間性の成長プロセスを理解するには、ハーバード大学のロバート・キーガン氏による「成人発達理論」が参考になります。

キーガン氏は、私たちの人間的成熟は一生涯にわたって行われ、大人になっても意識段階レベルで成長していくと述べています。そして、そのプロセスのなかには質的な差異（段階）が見られるとし、発達段階を5つに分け、最終的にどの段階に達するかは人によって違うと考えます。

その5段階について、『成人発達理論による能力の成長』『なぜ部下とうまくいかないのか』（日本能率協会マネジメントセンター）などの著作がある知性発達学者の加藤洋平氏は、次のように説明しています。

発達段階1：具体的思考段階

言語を獲得したばかりの段階であり、基本的に子どもだけが当てはまります。

発達段階2：道具主義的段階または利己的段階

他者への共感性が乏しい、自己中心的な段階です。自分の関心事項や欲求を満たすことに焦点が当てられ、他者を道具のようにみなすため、道具主義的という言葉が使われています。チームワークが苦手で、自分のやりたいことしかやらないといった傾向が見られます。

発達段階3：他者依存段階または慣習的段階

行動基準が組織などのルールに基づいている段階です。「会社の決まりではこうなっているから」「上司がこう言ったから」という言葉を多用する傾向があります。

組織に従順であるため、リーダーにとっては扱いやすいタイプでしょう。その反面、意思決定が苦手で、他者や物事に流されやすいとも言えます。

成人の約7割はこの段階にあると言われており、いわゆる「言われたことしかやらない」受動的な社員が多いと言われるのは、組織の中で無意識のうちにそうした人材をつくってしまっているのかもしれません。

発達段階4：自己主導段階または自己著述段階

他者依存段階とは対象的に、自分の価値観に基づいて行動する人は、この段階に当てはまります。成長意欲が強く、自分の意見にこだわりを持ち、それをよく他者に伝える傾向にあります。自己著述段階とも呼ばれる理由は、自分の思考を言語化することが得意であるためです。

発達段階5：自己変容・相互発達段階

自分の価値観を持ったうえで、他者の価値観も尊重しながら、主体的に変わっていける段階です。人間にはさまざまな価値観があることを理解しており、受容できます。他者と他者の成長を喜び、それによって自分も成長できるという実感があります。他者と「思い」を共有できる状態です。

発達段階は固定的なものではなく、状況や役割によって変わることがあります。したがって、段階2が悪くて、5がよいというものではなく、私たちはそれぞれの特質を含みながら成長していくと言われています。

コーチングでは、この成人発達理論の考え方を参考に、それぞれの発達段階に応じたアプローチ法を工夫しています。

例えば、発達段階2の「利己的段階」にある人に対しては、他者がどのように考えているのか、他者はどんな想いからその行動をとっているのかを考えてもらうような問いかけをします。

発達段階3の「他者依存段階」にある人には、その仕事の意味を考えさせたり、自分の考えを言語化してもらうようにします。

成人発達理論

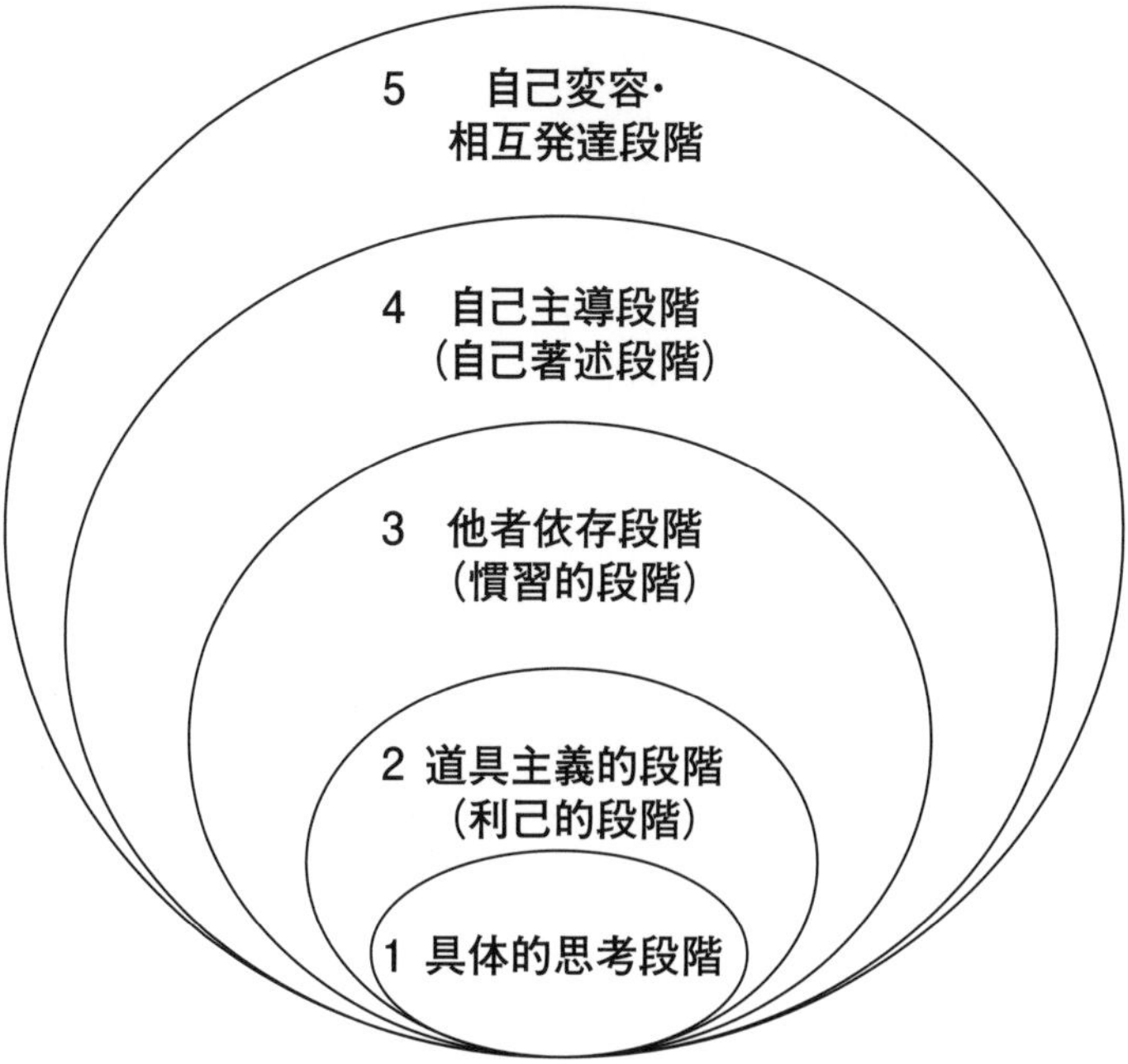

ハーバード大学教育大学院教授ロバート・キーガン氏
「成人発達理論」の筆者によるイメージ図

発達段階4の「自己主導段階」にある人は、自分の価値体系に縛られてしまっているところがありますので、自身の成功体験を振り返ってもらい、他者の存在があって自身の存在があることに気づくような問いかけをしていきます。

発達段階4に到達するためには、自分独自の価値体系を構築することが求められますが、段階5に到達していくためには、一度構築した価値体系を打ち壊して、自分を再構築していくようなプロセスが必要なようです。

読者の皆さんも、異業種交流会に参加したり、意識的に異分野の人と交流していると思います。発達段階5に到達するうえで、そのような異業種の人との関わりはとても有効で、さらなる人間的成長へのカギの一つとされています。

あなたへの質問

1. あなたの行動の足かせになっているものがあるとすると、それは何ですか?
2. あなたは周囲の人からマイナスのフィードバックをもらったとき、どんな気持ちになりますか?
3. どんな問いを持つことがあなたの成長につながると思いますか?

第4章
組織力がMAXになる最強マネジメント

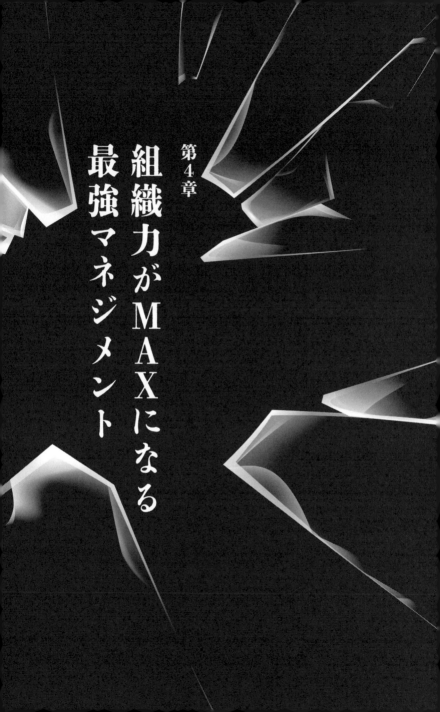

「真実の追求は、誰かが以前に信じていたすべての真実の疑いから始まる」（ニーチェ）

自分が自分自身のことを信じて疑わないように、相手もまた、自分が正しいと信じている。

強制でもない、妥協でもない「調和マネジメント」とは？

「○○主義と○○主義」「伝統と近代」「東洋と西洋」「ナショナリズムとグローバリズム」……。

世界にはさまざまな二項対立が存在しています。事実、いまも世界中のあちらこちらで紛争が絶えず、悲劇が繰り返されています。

どうしたら、この対立を乗り越えることができるのでしょうか？

世界的物理学者で思想家でもあるアインシュタイン博士と心理学者フロイトとの往復書簡が、『ひとはなぜ戦争をするのか』（講談社学術文庫／浅見昇吾訳）というタイトルの本になっています。読んだことがある方も多いかもしれません。

「どうしたら戦争をなくすことができるのか」というアインシュタイン博士の問いに

対してフロイトは、心の専門家としてさまざまな観点から答えを返していますが、結局は、「優れた指導者をつくるための努力を、これまで以上に、重ねていかなければならない。自分で考え、威嚇にもひるまず、真実を求めて格闘する人間、自立できない人間を導く人間、そうした人たちを教育するために、多大な努力を払わねばならない」と言っています。

優れた指導者の育成が必要ということですが、私は、指導者がコーチング思考を身につけることができれば世界は変えられると信じています。

すべての対立の根底には「価値観や信念の対立」がありますが、コーチング思考によってその対立を解消できると思うからです。

経営者から受ける相談で多いテーマの一つに、「リーダーシップをどのように発揮するべきか」というものがありますが、この相談を受けたとき私は、次のような問いかけをします。

「リーダーシップを発揮して、どんな変化を起こしたいのでしょう?」

「いま、どのくらいリーダーシップを発揮できていると思いますか？」

「そもそも、社長が考えるリーダーシップとはどのようなものですか？」


このような質問をすると、経営者としての考え方や在り方が見えてきます。

なかには、自分の意見に社員を従わせることが正しいリーダーシップであると考えている方もいます。もちろん、会社がおかれている状況によってはそれが有効なこともあるかもしれません。

しかし、これから求められるリーダーシップの在り方は、「調和型リーダーシップ」であると私は考えています。

トップダウン型の統制型リーダーシップは、力強さを感じる一方、社員の立場になると、単なる「服従」を強いられていると受け取られかねません。

リーダーから示される単一の価値観が支配的であり、また、それに従っていれば問題のなかった高度成長期ならともかく、今の時代には通用しないでしょう。

反対に、さまざまな意見が出てまとまらないとき、全員の顔を立てるように妥協を重ねながら事を進めていく経営者はどうでしょうか？

一見、理解のある社長のように感じられますが、これも正しいリーダーシップの在り方ではないと思います。

今の社会で求められるのは、多様な価値観を出し合って、強制でも妥協でもない、新たな第三の価値を探るような働きかけです。

そこで私が提唱しているのが「調和型リーダーシップ」であり、「調和マネジメント」です。

調和は妥協とは異なります。

社内に対立する意見があれば、多様性を前提に、それぞれの意見の本質的な部分を見極め、融合させて新しい価値を創造していきます。

ここで、「調和」の示す具体例をご紹介しましょう。

プロダクトの分野での事例になりますが、発表のたびに若い世代で話題になる、ユニクロとハイブランドのコラボは、相反する価値観を一つにまとめ上げて成功しているものと言えます。

ユニクロといえば、値ごろ感のあるファストファッションの雄です。そのユニクロが、頻繁に、Tシャツ1枚が6万円くらいする世界的なブランドとコラボして、新しい洋服を発表しています。

これなど、一つ間違えば、どちらにとってもファン離れを引き起こしかねないチャレンジだと思いますが、結果的に、ユニクロは「低価格なのにクオリティが高い」というブランディングができ、一方のハイブランドにとっては新しいマーケットの創造につながるという、Win-Winの関係をつくり上げることができています。

ユニクロもハイブランドも「らしさ」を失うことなく、新しい価値を生み出すことに成功している、まさに「異質の調和」と言える一例ではないでしょうか。

今、求められているのは、このような新しい価値の創造とそれに基づいた「調和マネジメント」です。

調和マネジメントに特に必要なことは、次の5つです。

①過去の成功体験や慣例は脇に置く

②メンバーの関心ごとに関心を寄せ、想いをしっかり受け止める
③異論を受け止め、深層を探る
④会社のパーパスに沿っているかを考える
⑤第三の価値を生み出す

リーダーシップとは、英語のスペルでは〝Leadership〟となりますが、この語源をたどると、「境界を越えて足を踏み出す」という意味があるようです。その意を踏まえると、これまでの考え方ややり方を越えて新たな道を探るためには「異質の調和」が鍵を握っています。

私たちが「正しい・間違っている」「良い・悪い」「賛成・反対」「好き・嫌い」と言っている背景には、人それぞれの価値観があります。そしてそれが、その人の関心や目的に応じて言動に表れています。

したがって**相手を理解するには、まず「その人はなぜそう考えるのか」「その言動の背景には何があるのか」を、相手のこれまでの経験を踏まえたうえで、さらに価値観ま**

でを探って考えてみることが大切です。

哲学者のニーチェは、「真実の追求は、誰かが以前に信じていたすべての真実の疑いから始まる」と言っています。自分が自分自身のことを正しいと信じるように、相手もまた、自分が正しいと信じています。そのことを考えると、自分の考えや価値観が本当に正しいのか、疑ってみる姿勢が大事ではないでしょうか。

価値観が多様化していく今日、何よりも求められるのは、自分とは別の価値を認める姿勢です。ここに「コーチング思考」の大事なポイントがあります。

「成功の循環モデル」を回す

「成功の循環モデル」という理論があります。

これは、マサチューセッツ工科大学元教授のダニエル・キム博士が提唱する、組織が活性化していく過程を説明した理論です。これによれば、組織には、それを特徴づける4つの要素＝質があるとされます。

・関係性の質（メンバー間の関係）
・思考の質（考え方の方向性）
・行動の質（社内での行動パターン）
・結果の質（業務での行動の結果得られた成果）

そしてこの「4つの質」が121ページの図のように、順番に影響を与えることで組織は変化していくのですが、どの質を起点にするかによって、成果を上げられる組織に変化する「グッドサイクル」になるか、あるいはその反対に成果を上げられない組織になる「バッドサイクル」になるかが決まるという理論です。

以下、ご説明します。

バッドサイクル（Bad Cycle）

営業成績が伸び悩むなど結果がふるわない場合、多くの組織では、まず売上やノルマの達成状況などの「結果の質」を向上させることから始めようとします。

しかし、あまりに結果を重視しすぎると、上司は、時間がかかるということで部下との話し合いを回避し、一方的な命令や指示によって部下を支配しようとします。確かに迅速な行動が求められる場合には、結果を重視したほうがスピード感はありますが、**無茶な命令が横行したり、結果のみで人格までが判断され、人間関係はギスギスしたものになり、「関係性の質」は低下**します。

そうなると従業員は考えることをやめ、受け身になってしまいます。絶対服従の指示がおりてくるだけで、自主性を発揮することができないために仕事が面白くなく、しかも意見をしたり愚痴を言ったりしたら、組織からはじき出されるおそれもあります。必然的に不安や不信感がふくらみ、「思考の質」は低下。積極的にアイデアを出そうという機運は低下します。

その結果、従業員の行動は「言われたことだけをやる」という消極的なものになり、しかも面従腹背が横行することで「行動の質」が低下して成果も上がらず、「結果の質」がさらに低下。すると経営者の意識は、さらに厳しく結果に集中するようになり……と悪循環に陥るでしょう。

グッドサイクル（Good Cycle）

一方のグッドサイクルは、期待通りの結果が得られない場合、社内の問題点を改善するべく「関係性の質」を高めるところから始めます。

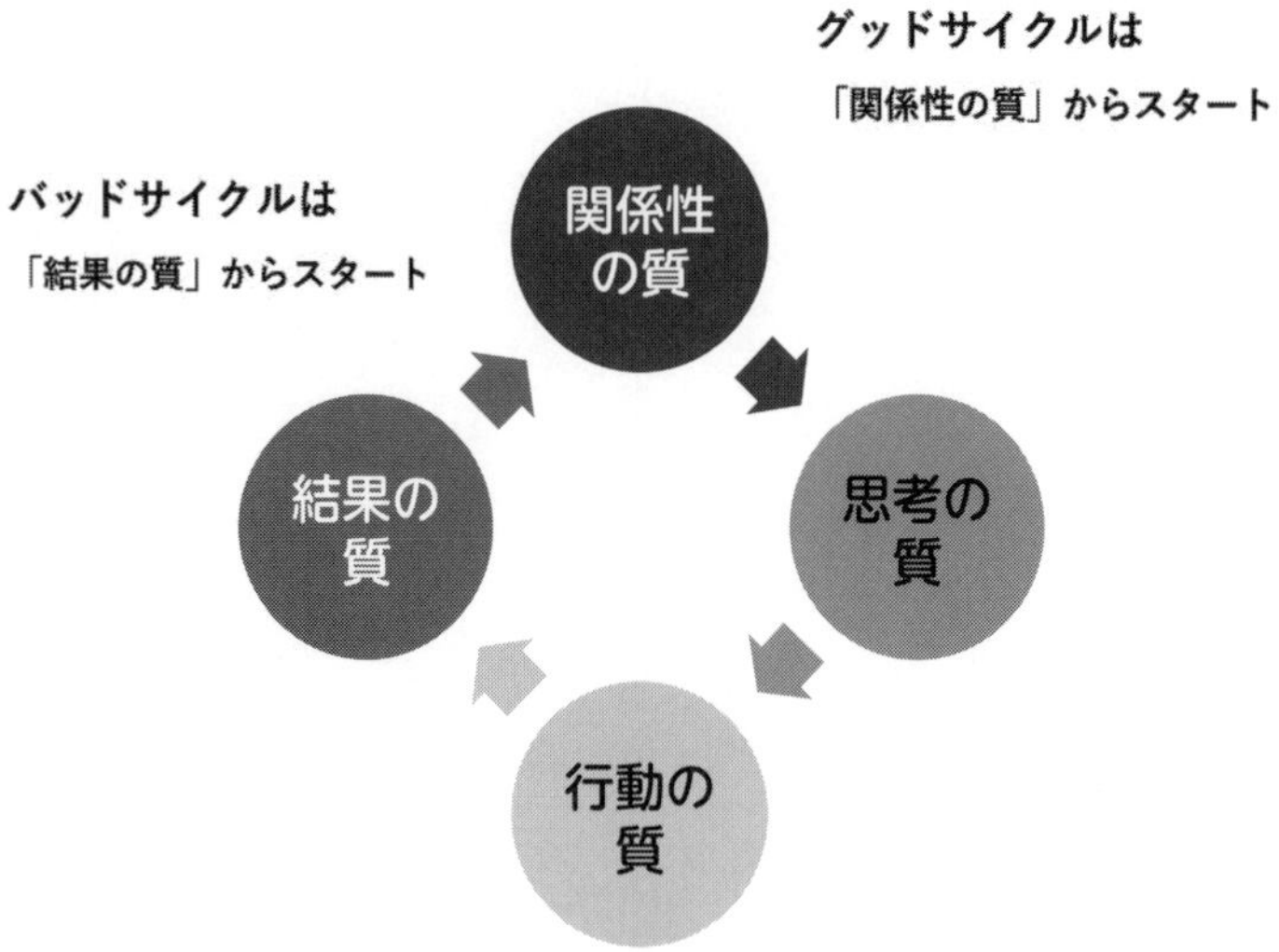

関係性の質が高い状態とは、社員が言いたいことを自由に言える心理的安全性があって、お互いを尊重し、信頼し合い、建設的な議論が行われるような状態です。上司は一方的な指示・命令を出すのではなく、まずは部下の話をよく聞くように努めることで信頼感を醸成していきます。

このような**関係性の質が高いと、自分たちで考えて、積極的にアイデアを出し提案する風土が生まれ、「思考の質」も高まります。**そして、**自分で考え提案したことなので自発的に行動するようになり「行動の質」も上がります。**その結果、業績が上がり「結果の質」が高まるというものです。「結果の質」が向上すると、さらに「関係性の質」がよくなるという好循環が生まれるようになります。

短期的な視点で見ると、バッドサイクルがグッドサイクル以上の成果を上げる場合もあります。ただしそれは、従業員の自発性を無視して、上からの支配力で強制的に働かせた結果です。いわば強力なカンフル剤を打った対処療法的な対応であり、そのような組織は遅かれ早かれ不満が噴出し、そして疲弊していきます。

少し前の話になりますが、中古車販売大手のビッグモーターが数々の法令違反を繰り返していたことが明らかになり、同時に同社の驚くような社内事情が暴露されました。その背景にあるものは、結果の質のみを過剰に追い求めた企業体質であり、まさにバッドサイクルに陥った例といえます。

一方のグッドサイクルは、組織の質そのものを変えていこうとするものです。そのため効果が出るまでには、どうしても時間がかかります。しかし、**うまくグッドサイクルが回るようになれば、長期にわたって、会社はいい成果を出し続けることができるでしょう。**

「関係性の質」や「思考の質」を高めるためには、組織のメンバー全員がコーチング思考を身につけていることが重要です。

また、関係性の質を高めていく一つの手法として「チームコーチング」があります。コーチングは、基本的に一対一の個別でやることが一般的ですが、「チームコーチング」とは、チームの目的達成に向けて、チーム全体をコーチングしていく方法です。組織の活性化手法としても注目されています。

創造性の発揮を損なっているのは何か？

人はお金が大好きです。

では、お金で人を動かすことはできるのでしょうか？

社員のモチベーションを上げるために、報酬を増やそうと考えるのは一般的なことであり、昔も今も、当たり前のように行われています。「この仕事がうまくいったら、ボーナスをはずむよ。100万円を約束しよう」という具合です。

しかし**報酬が必ずしも仕事の動機づけにならないことは、さまざまな研究からも明らかになっています。**

日本では、いわゆる大企業の社長の平均年収は約5000万円です（『労政時報』2022年調査より）。世界的な企業の経営トップとなるとさらに年収は高くなり、数十億円から数百億円の報酬を受け取るのは珍しいことではありません。

いまや、大企業の経営者が莫大な報酬を得ることが当たり前の時代です。それを考えると「報酬がモチベーションに結びつかないなんて、そんなバカなことがあるか」と思われるかもしれません。

そこで、アメリカの心理学者であるエドワード・L・デシ氏らが行った実験を紹介しましょう。

デシ氏らは学生たちを二つのグループに分け、パズルを解かせてみました。

一方は1ドルの報酬を渡すAグループ、もう一方は1セントも報酬を渡さず、ただパズルを解いてもらうBグループです。

その結果、意外なことに、報酬を渡さないBグループのほうが熱心にパズルに取り組んでいたというのです。Aグループの学生は、実験者が見ている前でしかパズルを解いていませんでしたが、Bグループの学生は、実験者が席を外してからも、自主的にパズルに取り組んでいたのです。

これは報酬によって、パズルが「好奇心や達成感を満たすもの」から「報酬を得るための手段」へと変化し、モチベーションの低下を引き起こしたことを示しています。

人が何かに取り組む際には、「自分が面白いからやる」という〝内発的動機づけ〟と、「報酬があるからやる」という〝外発的動機づけ〟の二つがあります。

内発的動機は心の内側から湧き起こるもので、本来、外的な要因に左右されにくいものですが、お金や名誉といった報酬が与えられると、人間の心理として、一時的にその喜びに引きずられてしまうことがあります。その結果、行為の目的が「やりがい」ではなく「報酬」を得ることに変わってしまいます。

このように、報酬を与えることによって内発的動機が失われてしまうことを「アンダーマイニング効果」といいます。

アンダーマイニング効果は、周囲の環境とそのときの心理状態によって誰にでも起こる可能性があります。報酬を意識している場合だけでなく、無意識に起きていることもあるため、注意が必要です。

また、外発的動機づけには、強制力や罰則も含まれます。したがって、例えば、ノルマなども外発的動機づけとなり、アンダーマイニング効果の原因になることもあります。

成果型の報酬制度のように、社員同士の競争意識を高めて業績向上を図るといったことも多くの企業で行われていますが、むしろメンバー間に軋轢を生み、人間関係の悪化につながるといった問題も生じています。

さらに、デシ氏らの研究から、もう一つわかったことがあります。それは「予告された報酬は創造性を産まない」ということです。

報酬を動機づけとして仕事をさせると、効率的に報酬を得ることにのみ頭が働き、質を高めるための努力をしなくなります。しかも熱心でなくなるので、作業効率も落ちます。また課題を選択できる場合は、失敗のリスクが高い挑戦的なものよりも、より確実に多くの報酬をもらえる課題を選ぶようになります。

ビジネスの世界では、新製品開発などにおいて、多額の報酬を約束することで開発を期待するというのが当たり前のように行われていますが、創造性を発揮してもらうという観点からすると、じつはマイナスになってしまうことを示唆しています。

それでは、社員に創造性を発揮してもらうようにするにはどうしたらよいのでしょうか？

最も大切なことは「挑戦が許される風土」を創ることです。人があえてリスクを冒すのは、「それが楽しいから」「自分がそうしたいから」ではないでしょうか。

社員の「そうしたいから」を目覚めさせるには、社員一人ひとりが関心を寄せていることに興味・関心を持ち、社員の挑戦意欲に火をつけることが必要です。

次の言葉を聞いたことがあると思います。

「船を造りたかったら、人に木を集めてくるように促したり、作業や任務を割り振ったりする必要はない。果てしなく続く広大な海を慕うことを教えよ」

この名言の作者は正確にはわかっていませんが、一説によると『星の王子さま』の著者であるサン・テグジュペリと言われています。

この言葉の意味するところは「仕事の意味」を伝えることの大切さです。

上司が部下に役割や作業を割り当てるだけでは「やらされている感」が強く、また部下の仕事に対する意識は「しなければならないから」となるでしょう。義務感からは内発的動機づけは生まれません。

「自分が仕事をすることが、社会に何をもたらすのか」「この経験をすることで、自分自身はどうなれるのか」を、部下と一緒に考え対話を重ねることが「しなければならない」を「したい」に変えることにつながります。

指揮者のいない「オルフェウス室内管弦楽団」の組織力

「オルフェウス室内管弦楽団」をご存じでしょうか？

1972年にニューヨークで設立された30名弱の小規模なオーケストラで、国際的に高い評価を得ており、2014年には日本人ピアニストの辻井伸行氏との共演が話題になりました。

この楽団には、他の多くの楽団とは異なる、際立った特徴があります。

指揮者がいないのです。

曲を解釈し、それに沿った演奏を実現するために各パートに指示を出し、オーケストラを一つにまとめ上げるリーダー、すなわち指揮者がいないのです。

それにもかかわらず、オルフェウス室内管弦楽団は、あたかも指揮者がいるかのような、素晴らしい演奏で聴衆を酔わせます。

そのようなことが可能になるのは、「オルフェウス・プロセス」という、彼らが掲げる次の8つの原則があるからです。

①仕事をしている人に権限を持たせる
②自己責任を負う
③役割を明確にする
④リーダーシップを固定させない
⑤平等なチームワークを育てる
⑥話の聞き方、話し方を学ぶ
⑦コンセンサスを形成する
⑧職務にひたむきに献身する

オーケストラの演奏では、曲によって、各パートの役割は異なってきます。そこを理解しない、あるいは納得しないまま、それぞれの演奏者が好き勝手なことをしていては、たとえどんなに技術的に優れた演奏家がそろっていたとしても、人の心を打つ曲を奏でることはできません。

オルフェウス室内管弦楽団は、前記の原則にのっとって、全員が同じ方向を向き、かつメンバー各人が主体性を持ち、役割を認識し、しっかりとしたコミュニケーションを取っているからこそ、指揮者という一人のリーダーがいなくても、素晴らしい演奏を実現できるのです。


コーチング思考に基づく会社経営も同じです。

自分が人生の主人公であることを理解し、同時に他者の価値も認め、互いに尊重し合うという考え方です。組織の調和を図りながら、同時に自分の個性も存分に発揮するということです。


近年、同楽団のように指示・命令系統のない組織はビジネスの現場でもよく見られるようになっています。

それは、「ティール組織」という、各個人が意思決定権を持ったフラットな組織です。

2018年には、『ティール組織』（英治出版／フレデリック・ラルー・著／鈴木立哉・

訳）という書籍がベストセラーになりました。

ティール組織では、権限は特定の上司に集中することなく、また、従業員間の序列もありません。部長、課長、係長、主任、一般社員という具合に階層化されたピラミッド型組織とは対をなす構造です。

そして従業員は、誰かの指示を受けることなく、一人ひとりが主体性を発揮し、責任を持って決断・行動します。

組織に意思決定者がいなくも、自律的な個人の働きによって組織が機能するためには、会社と社員が目的を共有していることが不可欠です。

そしてもう一つ大切なことが、社員が自由に意見を言えて、コミュニケーションが活発であることです。

組織が成長し、よりよい結果を出すためには、充実したコミュニケーションによって、構成員である社員同士が自分の果たすべき役割を認識し合うことが重要です。

すでにティール組織のような形態をとっている企業も多くみられますが、ティール組織は、メンバー間の相互信頼があってこそ実現できます。

ジグソーパズルのピース一つひとつには、優劣はありません。すべて異なった形であると同時に、へこんだ部分や出っ張った部分がうまくはまり合うことで、最終的に大きな絵柄ができあがります。

ティール組織のあり方も、それと同じことだと考えてみてください。

従来型の、一人のリーダーがすべての社員を引っ張っていく上意下達のピラミッド組織は、価値観が固定していた時代には非常に効率的な組織でした。

しかし多様な価値観を認め、何事にも柔軟な対応が求められる現代では、ティール組織のように、共通の目標を掲げながらも、社員一人ひとりが自らの価値観に基づいてリーダーシップを発揮できる組織の在り方を考えてみる必要がありそうです。

これまで慣れ親しんできたピラミッド型の組織から、ティール組織のようなフラットな組織にしていくには、経営者はもちろん、社員一人ひとりの意識の転換が求められます。

先に紹介した『ティール組織』の著者であるフレデリック・ラルー氏は「組織に関す

る私たちの考え方は、既存の世界観による制約を受けているのではないか？　自分の価値観を変えさえすれば、より強力で、魂のこもった、意味のある協働体制をつくり出せるのではないか？」と問題提起しています。

そして自分たちの考え方を変えていくためには、トップを含めメンバー全員に、コーチング思考が不可欠だと、私は思います。

あなたへの質問

1．あなたは、リーダーシップを発揮して、どんな変化を起こしたいのでしょうか？

2．あなたにとって、それは、なぜそれほど大切なのでしょうか？

3．あなたは、社員がどんなことに関心を持っていたら嬉しいですか？

第5章

変えるべきことと変えてはいけないこと

「行く川の流れは絶えずして、しかも、もとの水にあらず」（方丈記より）。時々刻々と変化する人生の諸行無常こそが常態であり、このなかで「変えなければならないこと」「変えてはならないこと」をビジネスのうえでも明確にしておきたい。

成功した経営者ほど陥りやすい罠とは？

人気タレントの高田純次さんによると、「歳をとってやってはいけないのは、説教と昔話と自慢話」だそうです。75歳を過ぎてもなお、元気ハツラツ、どの世代からも好かれる高田さんの言葉に思わずうなずきます。

とある業界で、かなり有名な社長をコーチングしたときのことです。

この社長は、ドラマ『半沢直樹』に出てくる片岡愛之助さんに似ていて、一見、端正な顔立ちで紳士風なのですが、自分の意見を絶対に曲げない人です。

社長は売上至上主義で、営業部門の強化に注力していました。実際、営業の力で会社を大きくしてきたのですから、経営手腕として間違っていたわけではありません。

しかし営業部門を非常に重視する一方で、他部門を軽視する姿勢には、目に余るものがあリました。年度末には、特別な貢献をした社員が表彰されるのですが、対象になっていたのは営業の社員だけだったほどです。

当然、社内の雰囲気もよくありません。


80歳を過ぎた会長は、創業者として、社長のワンマンぶりを心配していました。

そんなとき、コロナ禍で急激に売上が下がり、会長の懸念はさらに深くなりました。

「このままでは会社は続かないだろう」

そう考えた会長の「会社を変えたい」という依頼を受け、社長も納得し、私がコーチをすることになりました。

しかし、私が何を問いかけても、社長には馬耳東風です。

「営業こそが、我が社の成長の要因だよ」

「会社の経営課題なんて、おれが一番わかっているよ」

「今のやり方のどこが悪いんだ!」


このかたくなな社長の心を解きほぐすため、私は「絶対、名前を明かさない」ことを約束して、役員や部長といった経営幹部にアンケートを取りました。

①社内で改善したほうがよいこと
②社長への想い（どんな社長になってほしいか？）
③理想とする会社の未来

この3つについて答えてもらったのです。
そのアンケートは、幹部たちが会社をよい方向に導こうとする想いの詰まった1冊のレポートになりました。

そして、アンケートを取ったことを社長に伝え、読んでもらえないかとレポートを差し出したところ、彼は顔を真っ赤にして怒鳴ったのです。

「おれはそんなものを読まない！　見たくもない！　もう知っている！」
そこで、私はこう言いました。

「あなたが会社を変えたいという気持ちで私をコーチとして認めてくれたように、幹部社員が会社を変えたいという気持ちで、真剣に書いてくれたアンケートです。だから、このアンケートを読むことは、あなた自身が希望したことでもあるのです。

今は見る気持ちにならないかもしれませんが、ここにファイルを置いていくので、あとで読んでください」

その社長とは、月4回のコーチング契約をしていました。そこで、ファイルを渡した翌週に会いに行くと、普段は社長室の大きな椅子にふんぞり返っている社長が、応接室で私を待ってくれていました。

そして社長はまず、前回の失礼な態度を私に詫びてきました。

「レポートを読ませていただきました。幹部一人ひとりが、私が知らなかった会社のすみずみの問題に気づいていました。

そして、どうしたらよいかまで考えてくれていました。役員たちが会社を愛していることもよくわかりました」

これがきっかけとなり、社長の意識は180度変わりました。

直接の売上につながる営業部門だけでなく、会社のバックヤードを支える社員がいかにサポートしているかにも目を向けるようになったのです。

総務や経理、人事などの間接部門からも新しい提案を吸い上げるようになり、会社の雰囲気は見違えるように変化しました。

それとともに、落ち込んでいた業績も右肩上がりになりました。


経営者の成功体験は重要ですが、両刃の剣でもあります。

成功体験は経営者のパワーの源であると同時に、過去の栄光に固執するために時代の変化に追いつけず、経営を危うくすることになりかねません。

自分では気がついていない自分の殻を破り、どんな時代でも成功できる人になる。

それが、コーチングの力なのです。

「緊急ではない重要な活動」にフォーカスする

「あなた（経営者）でなければできない仕事は何でしょうか？」

多くのビジネスパーソンがバイブルにしている『7つの習慣』（キングベアー出版／スティーブン・R・コヴィー・著／川西茂訳）という名著を、皆さんも手に取られたことがあると思いますが、同書の中に、第三の習慣として「重要事項を優先する」というものがあります。

これは、日々の活動を「緊急度」と「重要度」という2本の軸でマトリックス化し、そのうちの「緊急ではないが重要な活動（146ページの図の第Ⅱ領域）」に集中することがポイントであるという考え方です。

その第Ⅱ領域の例には、「人間関係を育てる」「自分のミッション・ステートメント（ビジョンのようなもの）を書く」「長期的な計画を立てる」などが挙げられています。

私たちは、期限がある仕事や電話、急な来客など、緊急な活動に追われがちです。同書は、時間の90％が「緊急かつ重要」な第Ⅰ領域に支配され、次から次へと押し寄せる問題に打ちのめされてストレスをためてしまい、残りの10％を「緊急でも重要でもない」第Ⅳ領域に費やしてしまうと警鐘を鳴らしています。

コーチングでも「タイムマネジメント」がよくテーマになりますが、**多くのビジネスパーソンが、第三領域の「重要ではないが緊急なこと」に追われてしまっていることが問題です。**

その結果、多くのリーダーやマネージャーから「忙しくて部下を育成している時間がない」という言葉をよく耳にします。確かにとても忙しいのは事実だと思いますが、「忙しい」というのはどういうことかを考えてみる必要があります。

そこで、タイムマネジメントのセッションでは、私は次のような質問をしてみます。

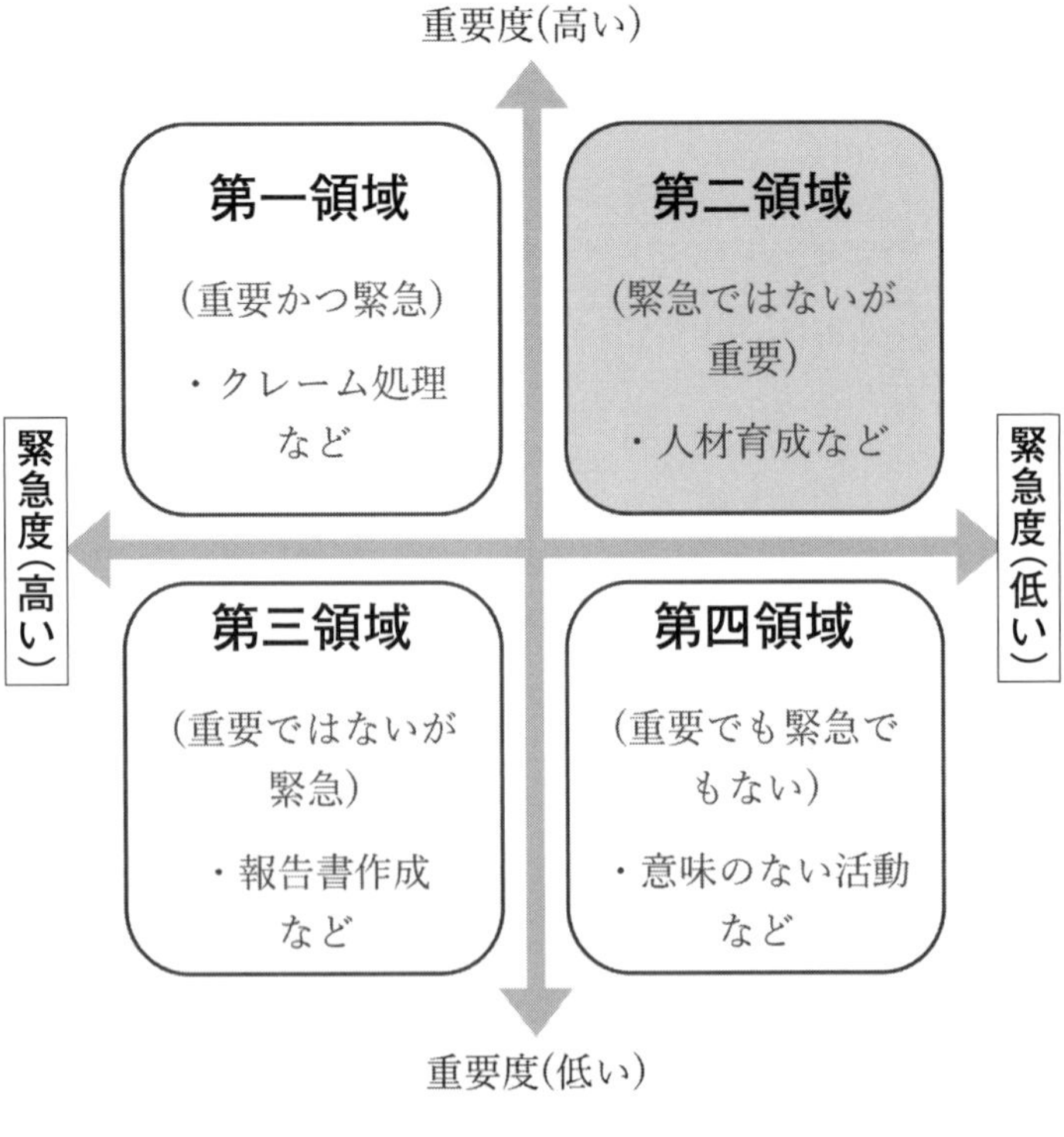
重要度(高い)
第一領域
(重要かつ緊急)
・クレーム処理など
第二領域
(緊急ではないが重要)
・人材育成など
緊急度(高い)
緊急度(低い)
第三領域
(重要ではないが緊急)
・報告書作成など
第四領域
(重要でも緊急でもない)
・意味のない活動など
重要度(低い)

「それはあなたでなければできない仕事でしょうか？」
「あなたでなければできない仕事は何ですか？」
「その仕事をすることであなたが得ているものは何ですか？」

第一領域の「重要かつ緊急なこと」を最優先するのは当然なことですが、次に取り組むべきは、第三領域の「重要ではないが緊急なこと」ではなく、**第二領域の「緊急ではないが重要なこと」**なのです。

そして**コーチングが最も機能しやすいのは、その第二領域**です。

その第二領域にあたるものとしては、次のようなことがあります。

①社員同士が尊重し合い、高め合う組織風土をつくる
②自ら考え、主体的に行動する社員を育てる
③ミッション、ビジョン、バリューを考える

エグゼクティブ・コーチングでよく相談を受ける「組織を変えたい」、「（経営者が）自分を変えたい」あるいは「社員を自発的に行動できるよう育てたい」などのテーマは、まさに第二領域の活動といえます。

もしあなたが、いつも「忙しい」状況から抜け出せないとしたら、第三領域に追われていないかを考えてみてください。

思考の枠を外し、行動を変える

エグゼクティブ・コーチングの目的の一つは、経営者の思考の枠を外し、気づきやアイデアを生み、新たな行動へつなげることです。

〝愚かさとは、同じことをしながら違う結果を望むこと〟(アインシュタイン博士の言葉とも言われますが定かではありません)という言葉があります。

多くの人は、いろいろな不平や不満を抱えながらも、「自ら変わる」ことには進んで取り組もうとはしません。どこかで「変わりたい」と思っていながら、結局同じことを繰り返してしまっています。「今のまま」のほうが楽だからでもあります。

自分を変えたいと思ったら、自分へ次のような質問をしてみてください。

「今日、私はどんな人になりたいだろう?」

「その望む方向に進むために、今やれることは何？」

まずは「なりたい自分」のイメージをはっきりさせることです。そしてそのイメージが明確になったら、それを実現するための具体的な行動目標を決めます。

コーチングを受ける経営者のほとんどは、「自分を変えたい」「会社を成長させたい」という強い気持ちを持っています。

自分を変えたいと思うとき、考えなければいけないのが、いわゆる「思考の枠」です。

思考の枠には、人が持っている「思い込み」、「先入観（固定観念）」、「決めつけ」、「偏見」、「思考の癖」などがあります。

それぞれがどのようなものか、簡単に説明しましょう。

思い込み

思い込みとは、「自分の考え方が正しくて当たり前だ」というように自分の価値観で物事を解釈することです。

あなたは自分のことを思い込みの強いほうだと思いますか？

社員から「社長、○○をやったほうがよいのではないでしょうか」と提案があったときに、一言、「そんなのできるわけないだろう」と却下してしまった経験はありませんか？

「自分が正しい」「自分がやってきたやり方でやれば必ず成功するはずだ」「自分はこれまでこのやり方でうまくやってきたのだから、これからも同じやり方でやれば必ず成果を出せるはずだ」という考え方が、思い込みです。

先入観

『広辞苑』によると、先入観とは「初めに知ったことによってつくり上げられた固定的な観念や見解」と説明されています。何らかの誤った情報が自分の中にあって、後から正しい情報が入ってきてもそれが歪められて、正しい判断の邪魔をしてしまうことです。

そして先入観が変化すると「固定観念」になります。私たちの中に「常識」として刷り込まれている観念のことです。

決めつけ

決めつけは、先入観の根拠を正当化するもので、事実とは無関係であることが少なくありません。わずかな偏った情報だけで物事を判別し、思考停止に陥ってしまうことがあるので注意が必要です。

個人的な経験知に基づいた結果であることが多く、ネガティブな経験が過去にあり、「決めつけ」という方法で自己防衛を図っていると考えられます。

典型的な例が「あいつに任せてもうまくいくはずがない」という予断を持って、特定の社員を見ることです。

あるいは、「成果が上がらないのは従業員のやる気がないからだ」「売上が上がらないのは環境が悪いからだ」といった発言も見られます。

偏見

ダイバーシティやインクルージョン（個々人が自分の能力を発揮できる状態のこと）の阻害要因として、アンコンシャス・バイアス（誰もが潜在的に持っている無意識の偏見）が指摘されています。偏見とは、かたよったものの見方や考え方のことです。

「最近の若者は根性がない」「若い人のほうが発想が柔軟だ」「リーダーは男性のほうが向いている」「育児は女性がすべきだ」といった無意識の偏見です。

思考の癖

私たちが無意識に持っている「視野の狭さ」や「思考の盲点」です。

長い人生のなかで身についた思い込みや思考を変えることは、そう簡単なことではありません。まして、成功体験のある経営者であれば、なおのこと自分の考えを変えることは、簡単なことではないでしょう。

しかし、そのままでいいということはありません。特に、次のような自覚がある人は要注意です。

・「絶対に○○だ」「それしかない」という言葉を多用する人
・根拠のない自信にあふれた人
・自分は特別だという意識の強い人
・他人の話を聞かずに一方的に話す人

・感情にまかせて行動する人

「自分にはコーチなどいらない」と言っている人にこれらの傾向が強いことが知られていますが、ではプロのコーチは、どのようにして経営者に〝気づき〟をもたらしているのでしょうか？

その一つの方法として、一人では気づけないような質問や、それまで想定していなかったような、視座、視野、視点を変えるために、次のような質問をするということがあります。

「今あなたは『絶対に』という言葉を使いましたが、本当に絶対でしょうか？」
「どんな考え方があなたの限界をつくっていると思いますか？」
「自分自身のことで見ないようにしていることは何ですか？」

思い込みや思考の癖に気づくためには、メタ認知が有効です。もう一人の自分の視点で、自分を客観視してみるのです。自らの視野を広げ、成長するためには、「自分の考え方は間違っているかもしれない」と常に自分自身の価値観を疑ってみることが重要です。

思考の癖も、一段高いところから自分を客観的に眺めることによって視野の狭さを自覚し、矯正することができます。

例えば、前節でふれた「忙しくて時間がない」という口癖の方から「時間管理をうまくできるようになりたい」と相談を受けた場合、次のような質問をしてみます。

「社長はリーダーシップとマネジメントの仕事をどのくらいの割合で行っていますか?」

「今やっている仕事で、社長でなければできない仕事は何%ぐらいでしょう?」

「客観的に見て、今やっていることでやめたほうがよいと思うことは何ですか?」

この質問の意図は、経営者が本来取り組むべき仕事に取り組んでいるかということに気づいてもらうことです。

その結果、メンバーに任せればよい仕事を自分で抱え込んでしまい、経営者でなければできない仕事に取り組めていないことが意外と多いことに気づきます。

「自分には時間がない」と思い込んでいると、自由な発想が奪われ、本当に時間がない毎日を送ることになります。

まずは思考のなかで、視座、視野、視点を変えてみることです。それによって自分の思い込みに気づき、行動も変えられるかもしれません。

こんな口癖に要注意

普段話す言葉を注意深く観察していると、たくさんの思い込みが隠れていることに気づきます。

前の項目でもお伝えしましたが、例えば、次のような言葉を見てください。

「絶対○○だ」

「できっこない」

「言っても無駄だ」

「そんなふうに○○しているから、〜〜なんだ!」

このような言葉は、思考停止と行動の抑制を招きます。

もし口をついて出てしまったり、言いたくなった場合には、ひとまず言葉を呑み込んで、次に、なぜそう言ってしまったのか、言いたくなったのかを考えてください。

メンバーに対して、「こいつに言っても何も変わらないだろう」と感じたとします。その理由について考えてみて、「以前から何度も注意しているにもかかわらず、態度を改めようとしないから、そういう印象を抱いているのだ」と思い当たったとしましょう。

次に、「何度も」と言うものの、では実際に何回注意したのかを考えてみます。じつは1回や2回しか注意していなかったということに気づくこともあります。

また「以前に変わらなかったのだから、次に何を言っても変わらない」というのは本当でしょうか。

以前よりも、部下のスキルや理解力が上がっているかもしれません。考え方が変化している可能性もあります。当時は多忙な業務に追われ、対応するだけの心の余裕がなかったけれど、今はその余裕があるかもしれません。

自分が「こうだ」と信じ込んでいることも、事実とは異なる、感情をベースにつくられた偏見や思い込みに過ぎないことがあります。

思い込みの枠を外すには、「メタ認知」によって自分を俯瞰し、客観的に自分の感情を認識することです。

もしこれから先、「〜すべきだ」「無駄だ」などと感じたり、あるいは言いたくなったりしたら、なぜそう思うか、メタ認知の方法で考えてみてください。

思考の癖を知ることで、自分が問題に感じている行動を抑制できるようになるはずです。

変えてはいけないものは何か？

「行く川の流れは絶えずして、しかも、もとの水にあらず」（『方丈記』より）。時々刻々と変化する人生の諸行無常を逃れることはできません。であるならば、変化を常態と捉えたうえで、「変えなければならないものは何か」「変えてはならないものは何か」をビジネスの世界でも明確にしておかないと、変化に呑み込まれ、翻弄されることになってしまいます。

企業理念は本来、それが失われたら存在している意味がない、というほどに最も堅持すべきものであり、すべての意思決定をするときの〝会社の憲法〟とも言えるものです。しかしながら、企業理念も時代の変化とともに、変えなければいけないときもあります。

スターバックスコーヒーは２００７年に業績が低迷したとき、新しい行動指針を策定し、回復につなげました。

伊藤忠商事も2020年に企業理念を変更。1992年に策定した「豊かさを担う責任」から、創業者・伊藤忠兵衛の座右の銘であったとされる「三方よし」を企業理念に掲げました。このことは創業の原点ともいえる「三方よし」の重要性を再認識し、守ろうとしたからではないでしょうか。


一方、変えるべきではないことを変えて失敗したのが、かつての大塚家具ではないかと思います。2015年ころ、盛んにメディアでも報道されていたので、大塚家具の「お家騒動」を覚えている方も多いでしょう。

騒動のきっかけは、社長の座をめぐる創業者の大塚勝久氏と、当時の社長である娘の久美子氏の対立で、その背景にあったのが経営路線の違いです。

1969年に創業した同社は、高級路線と積極的な接客によって売上を伸ばしていました。しかし2000年代に業績が低迷すると、社長に就任した久美子氏はカジュアル路線に方向転換します。これをよしとしなかった勝久氏は再び社長となって経営の舵を取りますが、久美子氏は投資会社や一般株主の票を集めて、2015年に社長に返り咲きました。勝久氏は同年に取締役を退任し、匠大塚という新会社を設立しています。

では、大塚家具のその後はどうなったのでしょうか?

2015年以降、新路線を徹底するも業績の回復には至らず、ヤマダホールディングスに買収され、現在はヤマダホールディングス傘下のヤマダデンキに吸収合併。一事業部門として存続していますが、会社としては消滅してしまいました。

一方、勝久氏の匠大塚は百貨店へ出店するなど、本業の家具の製造・販売を続けています。

そもそも、なぜこのような親子の対立があったのでしょうか。

私見ですが、久美子氏は、大塚家具の変えてはいけないところまで変えようとしてしまったのだと思います。

創業者の勝久氏は、自分のそれまでのやり方を否定されたように感じ、猛反発しました。久美子氏はさらに反発し、攻撃の応酬となります。その結果、本来の目的である経営の立て直しではなく、社長のイスを争うことに力を費やしてしまったのかもしれません。

このような伝統vs革新という構図の対立は、多かれ少なかれ、どの組織でも勃発しうることといえます。

私は大塚家具創業家の立ち入った事情を知らないので、ひょっとしたら的外れかもしれませんが、もしお二人がもっと深くコミュニケーションをとっていたら、対立を防げたのかもしれないなと思うのです。

娘の久美子氏は、銀行勤務や、同社の経営企画部門を経験した聡明な方です。ニトリやＩＫＥＡなどのカジュアル路線の同業が台頭するのを見て、従来のやり方では限界があると感じたのでしょう。

一方、創業者であり父である勝久氏は、同社を成長させた独自の商法に、確信めいたものを持っています。

それぞれ別々の路線を考えた理由があり、背景があるのです。

守るべきものは何で、変えるべきものは何なのか、しっかりと意見を交わすべきだったのではないでしょうか。そうすれば久美子氏も、すべてを変えようとするような発想にはならなかったのではないかと思います。

頑張っても業績が思うように上がらなかったり、施策がうまくいかなかったりすると焦ってしまい、極端な変化を求めがちです。

帝王学とも言われる古典『易経』をわかりやすく解説した『超訳易経』（新泉社／竹村亞希子著）に、次のような一節があります。

〝「易」という字は、「変化」を意味します。「易」の一字には「変易（へんえき）」「不易（ふえき）」「異簡（いかん）」という三つの意味があります。これを「易の三義（さんぎ）」といって、この世の中の変化の定義をあらわしています。

一つ目の「変易」は、この世の中のものすべては、一時たりとも変化しないものはない。森羅万象、人も物も自然も、すべての物事は変化し続けている、ということを意味しています。

「不易」は、その変化にはかならず一定不変の法則性があって、春の次に夏が来て、夏の次に秋が来て、秋の次に冬が来て、また新しい春がやってくる。春の後に冬が来ることはなく、冬の次に秋が来ることもありません。順序をたがえることなく変化して循環していきます。つまり春夏秋冬のめぐり、変化の原理原則を「不易」というのです。

三つ目の「易簡」は、「簡易」ともいいます。宇宙も自然も人生も、かならず変化しますが、そこには一定不変の変化の法則があります。〟

変えるべきことと変えてはならないものを考えるとき、この「時の変化の法則」が参考になります。

あなたへの質問

1．今やっている仕事で、あなたでなければできない仕事は何%ぐらいでしょう?
2．あなたの考え方で変えたほうがよいことがあるとしたら、どんなことですか?
3．客観的に見て、あなたが今やっていることで、やめたほうがいいものは何ですか?

第6章

コーチングで ここまで会社は変われる

社員の心の声に耳を傾け、どんな夢を抱き、どんなときにやる気になるのか。そういうことに関心をもって聴いていく、つまりコーチング思考で経営していくと、会社の風土は大きく変わっていく。

エグゼクティブ・コーチング全体の流れ

本書ではここまで、「コーチング思考」に基づいて、さまざまな場面で企業経営を改善する方法についてお伝えしてきました。

本章では実際に経営者に向けてコーチングを実施するときの流れについて簡単にご紹介します。

まず、コーチングの期間は、3カ月～1年間くらいが一般的です。経営者とコーチが相対するセッションの頻度は、テーマや目標などによって異なりますが、1カ月に1～4回のペースで定期的に行います。セッション1回あたりの時間は基本的に30～90分くらいです。決まった時間、回数ということはなく、経営者の状況やニーズに合わせて進めていきます。

エグゼクティブ・コーチングには、大きく次の3つのフェーズがあります。

フェーズ1　立ち止まって考える

「我が社は何のために存在するのか」「いま取り組んでいることは、本当にやるべきことだろうか」「もし何もしなかったとしたら何が起きるだろう」などと、現状を俯瞰して考えてみることです。多忙な日々を送り、目の前の課題処理に追われている経営者にとって、とても大切なフェーズになります。

フェーズ2　思考・行動を変える

「過去の成功に囚われていないだろうか」「思い込みはないだろうか」「いつも繰り返すパターンは何だろうか」「何を変えるのか」「変えてはいけないものは何か」などと、自身の思考の癖や、陥りがちな行動に焦点を当てて考えてみます。

思考が変われば行動も変わります。

エグゼクティブコーチング
3つのフェーズ

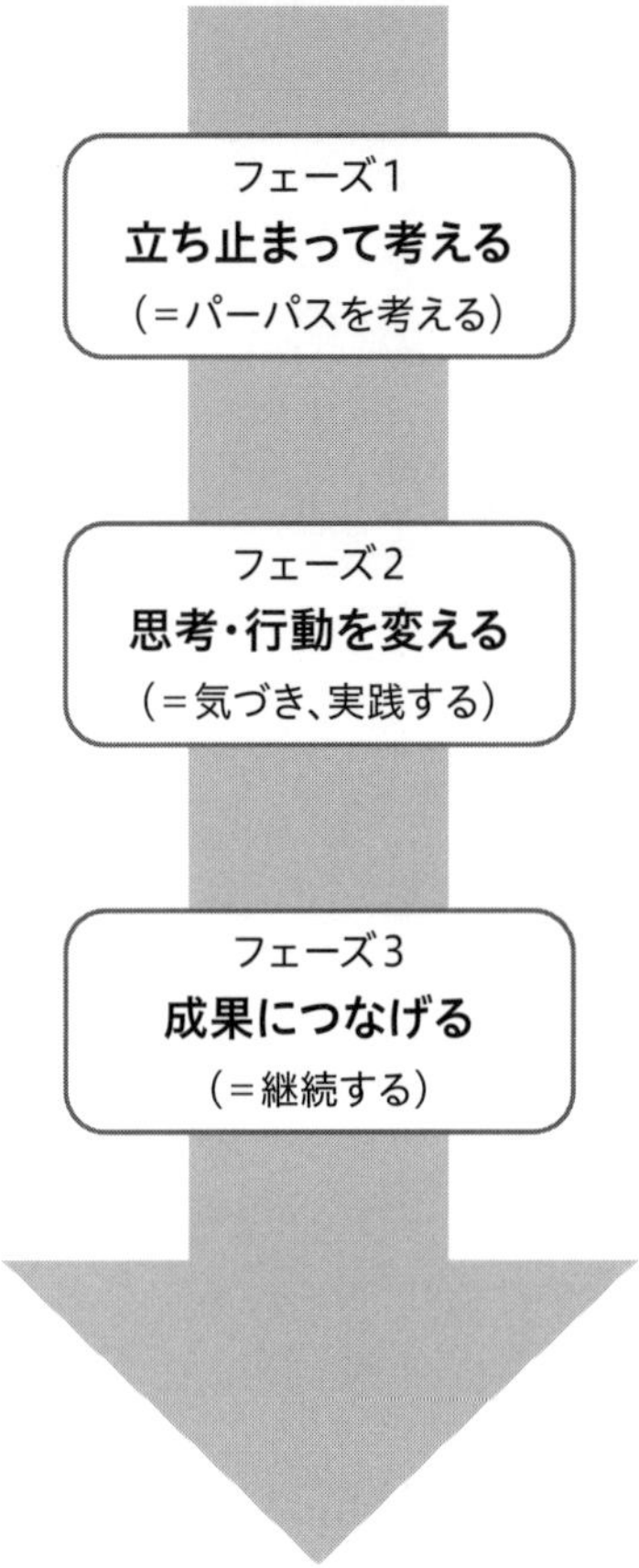

フェーズ3　成果につなげる

コーチングの成果は、具体的な行動を起こしてこそ得られます。よい習慣をつくり、それを継続することが大切なのです。

コーチングは、次のような流れで進めます。

①オリエンテーション

オリエンテーションの主な目的は二つあります。

一つは、コーチングに関してクライアントの合意を得ることです。

「コーチングとは何か」「コーチとしてできることできないこと」「クライアントとしてやってほしいこと」「コーチングで得たいこと」「コーチに期待すること」「コーチング期間」などについて確認し、合意を得ます。

二つ目は、信頼関係をつくることです。

信頼関係があってこそ、コーチングは機能します。コーチ、クライアント双方が自分について語り、お互いを理解し、信頼関係を結ぶようにします。

②アセスメント（自己査定）

セッションを始める前に、クライアントに、ご自身について振り返ってもらいます。自分のことを見つめ直すことが主な目的です。そのために、アセスメント・シートという質問票を使って、思考の癖や価値観、コミュニケーション・スタイルなどを整理してもらいます。

また、周囲の人（役員・部長層など）に、ヒアリングやアンケートについて協力をお願いする場合もあります。

③プレコーチング

前述の作業が終わると、いよいよ実際のコーチングに入りますが、第1回のセッションを特に「プレコーチング」と呼びます。「本格的にコーチングを始める前に行うコーチング」と考えてください。

ここでは、コーチングの目的や目標、全体のスケジュールなどをあらためて確認します。

オリエンテーションの中で、一緒にプレコーチングを行う場合もあります。

エグゼクティブコーチングのプロセス（例）

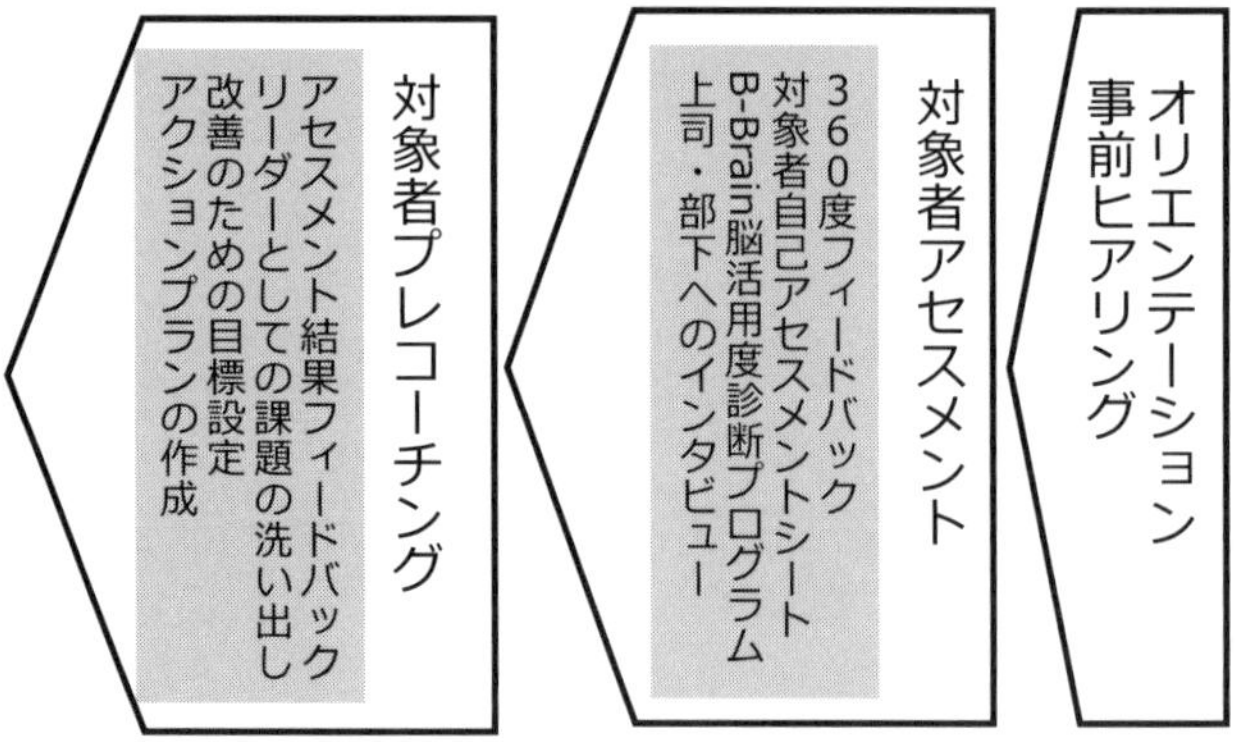

④コーチング・セッション

基本的にクライアントである経営者とコーチの1on1で定期的な面談を行い、コーチングを進めていきます。必要に応じて、社長だけでなく幹部の方も含めたグループ・コーチングを行うこともあります。

1回1回のセッションの場だけでなく、セッションとセッションの間も、メールや電話などでサポートします。

⑤評価とフィードバック

コーチング・セッションの振り返りの時間です。各回での振り返りと、期間終了後の振り返りがあります。コーチング

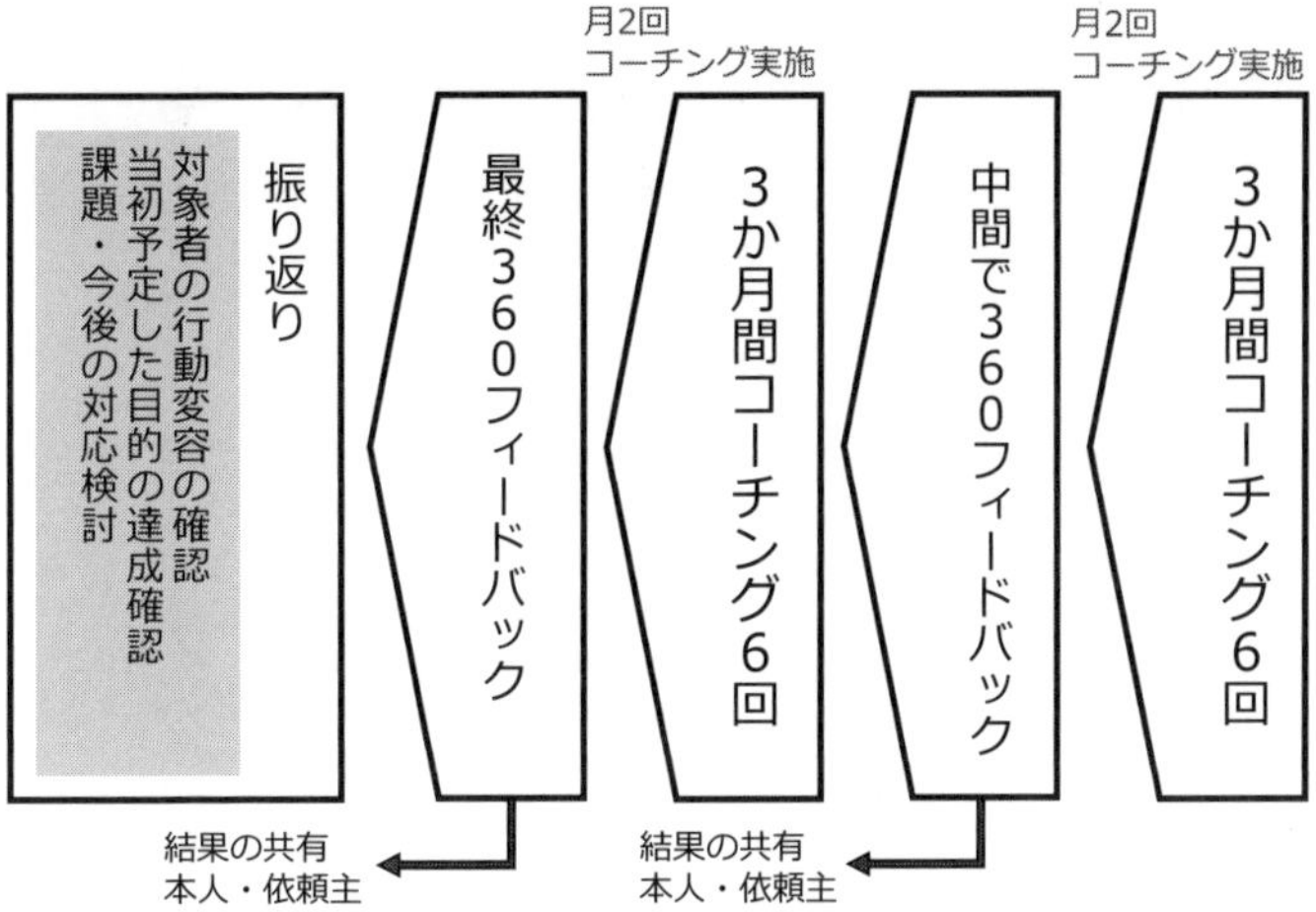

全体を振り返って、「コーチングの感想」「得られた成果（初期の目標を達成できたかなど）」「コーチングの進め方」「コーチの関わり方やコーチへの要望」などについて、クライアントから評価・フィードバックしてもらいます。

またコーチからも、クライアントに対して気づいたことなどを適宜フィードバックします。

一般的に、以上のような流れで進めていきます。

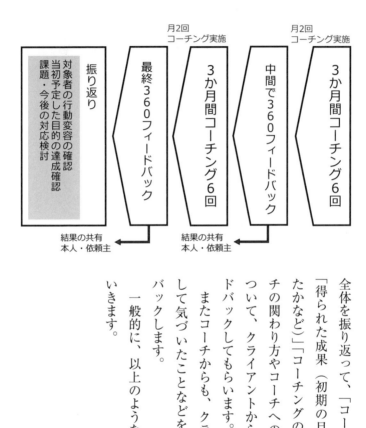

もしも『コーチング思考』で経営したら

社員の心の声に耳を傾け、社員がどんな夢を抱き、どんなときにやる気になって、どんなことに情熱を感じるかといったことに関心をもって聴く。

社員が望む姿を応援し、そのために社員が何を学び、どんな行動を起こせばよいのかを社員の中に見出すことができる。

社員の言うことを批判や否定もせずに、しっかりと受け止め、そのうえで、社長として伝えたいことがあれば伝える……。

経営者であるあなたが、コーチング思考を身につけて、社員とそのような向き合い方をしたら、これまでと何が変わるかを想像してみてください。

「そんな面倒なことしていられるか」「そんなの単なる理想論だ」「そんな甘っちょろいことで経営ができるか」とお叱りの声も聞こえてきそうですが、これらのことを実現できたら、会社の風土は大きく変わると私は確信しています。

コーチング型のマネジメントは「話を聴くだけのひ弱な生温いマネジメントだ」と言って批判している人がいますが、まったくの誤解です。

「人は無限の可能性がある」「答えは相手の中にある」と信じて、社員自身に考えてもらうアプローチほど厳しいものは、ほかにありません。社員に主体性と自己責任が問われるからです。社長に言われたことだけやっていればいいとしたら、そんな楽なことはないはずです。

また、コーチングをコミュニケーションのスキルやテクニックだと思っている方も多いのですが、それは違います。

コーチングは単なるスキルではありません。その本質は、哲学であり思想です。

もちろん、コーチングができるようになるには、それなりの十分なトレーニングが必要です。私も1000時間以上のトレーニングを積み、延べ1万時間以上のセッションを行ってきました。それでもいまだに「うまくいかない」と感じることも多々あります。対人支援の仕事は終わりのない旅です。人間は、一人ひとり違う個性を持った存在であり、同じコーチングのやり方は通用しません。とても奥が深く、それだけにやりがいもあります。日々学びの連続です。

これもまた誤解している人が多いのですが、コーチングをすることと、コーチングの考え方やスキルを学び日常の会話に応用することは別です。

コーチングができるようになるには、少し時間が必要かもしれませんが、コーチングの考え方やスキルを用いた人との関わり方は、誰にでも実践できます。

コーチング思考を身につけることは、あなた自身を押さえつけていた自己制限的な思考から解放され、新しい可能性やアイデア、気づきの発見にもつながります。

コーチングの理念が、職場や家庭、地域、国内外のさまざまな関係性に活かされている世界を想像してみてください。

それは、不安や不満に満ちた現在の世界よりも、私たち全員にとって生きやすい世界のはずです。そしてそのような世界に近づくためには、影響力の大きい経営者の皆さんにコーチング思考を採り入れていただくことが非常に重要だと、私は考えています。

『認知』が変われば行動が変わる

なぜコーチングで人や組織が変わるのか？

コーチングで人や組織が変わるのは、特に人の『認知』を扱うからです。

『認知』とは、「心理学的には知覚、判断、想像、推論、決定、記憶、言語理解といったさまざまな要素を包括した言葉」ですが、一言で言えば「**ものの見方・捉え方**」のことです。

例えば、社員に対して、

「やる気が足りない」

「責任感が足りない」

「言われたことしかやらない」

などと感じたときに、一般的には「どうやって社員のやる気を高め、モチベーションを上げたらいいのか」ということを考えます。

もちろん、社員のやる気を高め、モチベーションを上げることは重要なことですが、コーチングでは、まずは経営者であるあなた自身のものの見方、そして社員のものの見方について考えてみるということをしていきます。

社員の「やる気が足りない」と感じているのは、経営者であるあなたの見方です。社員の「やる気が足りない」と言う前に、あなた自身の社員への見方を考えてみます。


「やる気が足りないというのは本当でしょうか？」

「そのような社員を前にすると、あなたにどのような感情が湧き起こりますか？」

「やる気があると感じるときがあるとすると、どのようなときですか？」

「社員に何が起きていると考えられますか？」

「社員をやる気にさせるために社長が心がけていることは何ですか？」

このような質問をすることで、自分のものの見方に、思い込みや偏見があることに気づくことがあります。私たちは無意識に人のことを評価してしまい、「思考のバイアス」によって相手を判断してしまうことがあるので注意が必要です。

同じように、社員についても社員の行動にはどんな「ものの見方」が隠れているかを考えます。

「ものの見方（認知）」が変わらないと、行動は変わらない

私たちは外部から何らかの刺激を受けて行動しますが、認知科学では、外部刺激と行動をつなぐ「メンタルモデル」と呼ばれるものがあると考えます。メンタルモデルとは、誰もが無自覚に持っている価値観や思い込み、世界観といったものです。

例えば同じ目標で仕事をしていても、「この程度の目標なら簡単に達成できる」と思うAさんがいれば、「こんな目標はとても達成できっこない、無理な目標を与えている会社が悪いんだ」と思うBさんもいます。社長から見ると、Aさんはやる気があるが、Bさんはやる気がないと思ってしまうというようなことが起きます。

ここで重要なことは、Bさんは「やる気がない」わけではないということです。Bさんの行動は、そのメンタルモデルから生まれていると考えます。

では、このようなときに、Bさんにどのように関わっていったらよいのでしょうか？

Bさんのメンタルモデルの書き換えを行います。Aさんのように「目標は簡単に達成できる」に書き換えることができれば行動が変わる可能性があります。

一般的に、「昇進」「昇格」「報酬」「叱責」「激励」といった外部刺激を与えることでやる気を高め、モチベーションを上げるような取り組みが行われますが、これだけでは限界があります。自らの内側で起きていることを見つめ、「メンタルモデル（ものの見方・捉え方）」を変えるようなアプローチが求められます。

もちろん、メンタルモデルを変えることは容易ではありません。自分がどんなメンタルモデルに支配されているかは当の本人も自覚していないことがほとんどだからです。

メンタルモデルには、いろいろな考え方がありますが、マサチューセッツ工科大学（M

IT）スローン経営大学院上級講師のピーター・センゲ氏が提唱する組織論『学習する組織』では、個人の過去の経験などに結びつき、価値観に基づいてつくられると言っています。

自分が何を知覚してどのような判断をしたのか、その背景にはどのような経験や感情、価値観が紐づいているのかを知ることで、自分を俯瞰することが可能となります。認知の枠を理解する力を磨くことは、多面的、多角的なものの見方をするためにも役立ちます。

コーチングでさまざまな角度から質問をしていくのは、この思考の枠を解き放つためです。

「真のやりたいこと」（want to）に基づいたゴールを設定する

メンタルモデルを変えるには、自分の認知に気づき、**「真のやりたいこと」（want to）に基づいたゴールを設定すること**です。しかも、**現在の延長線上にはない、心の底から達成したい目標であること**が必要です。

問題は「真のやりたいこと」がわからない人が多いことです。しかも、やりたいことがあるという人でも、「お金持ちになりたい」「海外でのんびり暮らしたい」「いい車がほしい」といったような表層的な欲望であることがほとんどです。

あるいは、自分では「やりたいこと」（want to）だと思っている事柄が、じつは「やらなければならないこと」（have to）だったということもあります。「やりたいわけでも、得意なわけでもないが、やらなければならないこと」で占められていませんか？

さまざまな経験や学習を通じて、私たちには「○○はこうあるべきだ」という思考の枠が形成されていきます。そして私たちは、その枠組みに従って認知し、世界を観ています。

コーチングではよく「本当はどうありたいのか？　どうしたいのか？」という質問をします。

しかし、多忙な日々を送っている経営者やリーダーにとっては、「本当はどうしたいか」を考えるよりも「まず何をすべきか」を優先しがちです。そのほうが素早く問題処理できるし効率的だからです。したがって、ほとんどの人は、本来持っている真のやりたいことや価値観が見えなくなっているのかもしれません。

「やらなければならないこと」に追われているなかで、「本当は何がしたいのだろうか？」と問われてもピンと来ないというのもわかります。大切なことは、「have toを捨てること」です。「やらなければならない」というのは、勝手にそのように思い込んでしまっていることが多いからです。

「やらなければならない」(have to) をすべて洗い出す

ふだんの行動から、「やるべきだと思い込んでいること」をすべて捨てたとしたら何が残るでしょうか？ そのなかに「真のやりたいこと」が眠っている可能性がありま す。まずは、自分がどんなhave toに縛られているかを顕在化し、何を大切にしているのかを探索します。そのためにhave toをすべて洗い出してみます。

経営者は自分のやりたいことに従って事業を行っている方がほとんどでしょうから、比較的have toは少ないかもしれません。しかし、社員から見たら、会社から課される目標や会議、雑務などの多くはhave toです。「家族や生計のために仕事をしている」という人は、仕事そのものがhave toになっている可能性もあります。ふだんあまり意識せずにやっていることなのでhave toとは意識していない人が多いのです。

コロナ感染症パンディミックによって、リモートワークが急速に進みました。以前は「会社に行って仕事をする」のが当たり前のように過ごしていましたが、「通勤地獄」から解放され、人々のメンタルモデルが大きく修正されることになりました。

自分にとっての「ねばならない」を洗い出し、次のように自問してみましょう。

「仮にそのhave toを捨てたとしたら何を失うでしょうか？　代わりに何を手に入れることができますか？」

すべてのhave toを捨てることは難しいでしょうが、現在の自分がどれほどhave toのなかで生活しているかを認識することはとても重要なことです。自分が心から望んでやっていることなのか、そうでないのかを意識することでメンタルモデルの修正につながります。

「本当にやりたいこと」(want to)を探索する

「ねばならない」を洗い出してみることで、「本当はどうしたいのか」が少しずつ見えてきます。

自分の「やりたいこと」を探索するにはさまざまな方法がありますが、ポイントは次の三つです。

①得意なこと
②夢中になれること
③続けていること

「本当にやりたいこと」が見つかれば、現状を変えて前に進むためのエネルギーが生まれるはずです。しかし、人間には「変わりたくないという気持ち」もあり、「これまでどおりの日常」へと無意識に戻っていこうとする力が働きます。いわゆる「コンフォートゾーン（快適空間・心理的安全領域）」に留まろうとすることです。頭では「変わらないといけない」と思っていながら変われないのは、コンフォートゾーンへ引き戻されるからです。

組織にも同じような現象が見られます。特に歴史のある企業ほど前例主義や現状維持から抜け出せず、変革を拒もうとする力が働き、新しいことをやることの難しさを感じているのではないでしょうか。

コンフォートゾーンを越えるには、リーダーの「決断」が必要

コンフォートゾーンを越えるえるには、現状を越えた心から望むゴールを設定することがポイントです。心の底から実現したい世界が見えれば、そこに向かって全力で力を注ぐことができます。そのために必要なのが、「ねばならないを捨てる」決断です。

「have toを捨てる」ことで、頭のなかでそれまで描いていた世界から、別の世界を認

識し始めるはずです。そして新しい世界に最適化されたメンタルモデルが形成されていきます。

あなたも、何かを『決断』した瞬間、「これまで考えてもいなかった気づきが生まれた」「見えていなかったものが見えるようになった」という経験をしたことがあるのではないでしょうか？　何を認識し、何を認識しないかを脳が選んでいるからです。メンバーの話を聴くときにも、そのメンバーが何を認識し、何を認識していないのかに注力して聴くようにするとよいでしょう。

先ほどの、Aさん、Bさんのケースに戻ると、「やる気」の問題ではなく、「ものの見方・捉え方」「見ている現実」が違うということです。無理やり「やる気を出せ」と言って、アメとムチを与えようとしても、社員にしてみれば我慢を強いられていることになり、社員の幸せにつながりません。

組織が実現したい未来とメンバーが実現したい未来を結びつける

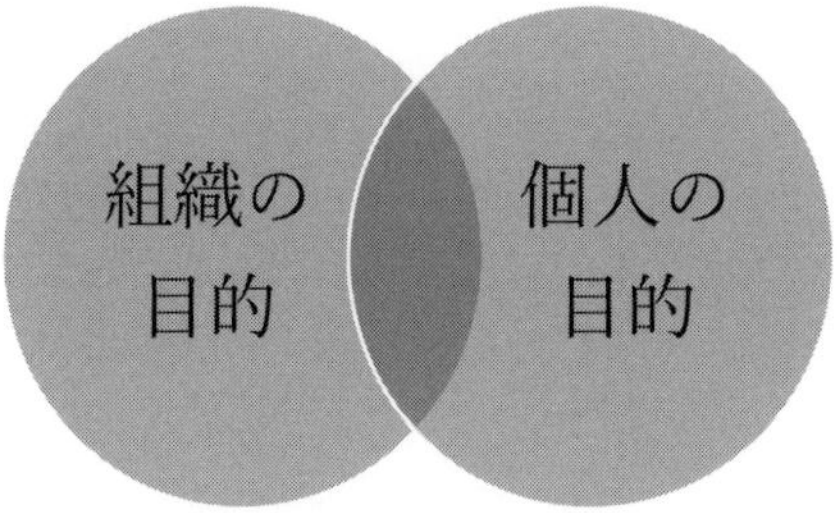

会社や組織には言うまでもなく、実現したい未来像があります。これが組織に内在する「真のwant to」であり、経営理念やパーパス(Purpose)につながっています。

経営理念やパーパスは、want toに基づいた個々人の行動を方向づける働きをします。

したがって、**「組織が実現したい世界」と「個人が実現したい世界」とが重なる部分を見出し、それを個人のゴールとして設定すること**が大切です。経営理念やパーパスを掲げても、メンバー一人ひとりが自分事として捉えて行動に移していかない限り、絵に描いた餅になってしまいます。

経営理念やパーパスを自分の問題として捉えてもらうようにするには、「対話」を通して、組織のパーパスとメンバー一人ひとりのwant toとの共通項を見つけるようにします。

組織と個人の未来が完全に一致することはないでしょうが、必ず何らかの共通項は見つかるはずです。

もしかしたら、社員のwant toが組織の経営理念やパーパスとはまったく無関係と感じられることもあるかもしれませんが、時間をかけて探索していけば必ず一致点を見つけることができます。

次のような対話を通して、メンバーのニーズやwants、大切にしている価値観を探ります。

相手に関心を持ち、受容と共感の姿勢で傾聴していけば必ず、メンバーの真のwant toと会社の理念やパーパスとの一致点を見つけることができます。

一致点が見つかったら、それをメンバー一人ひとりの言葉に置き換えてみます。

そのときに自分の望む未来をありありと描くことができ、ワクワクする気持ちになれ

関心	•メンバーの関心に関心を持つ 例「今最も関心を持っていることは何?」
経験	•どんな経験があってそのことに関心を持つようになったかを聴く 例「そのことに関心を持つようになったきっかけは何?」
感情	•その経験をしたときにどんな感情が沸き起こったのかを聴く 例「その経験をしたときに、○○さんの中にどんな感情が湧いた?」
価値観	•そこから見えてくるその人の価値観を聴く 例「そこから見えてくる○○さんが大切にしているものは何だと思う?」
会社の理念	•会社の理念・目的について聞く 例「我が社の理念についてどう思う?」
一致点	•会社の理念とメンバーが目指す想いの共通点を探す 例「○○さんが大切にしている価値観を満たすには会社の中で何ができると思う?」

れば、「真のwant to」に向かって動き出すエネルギーになります。

　メンバー一人ひとりの「真のwant to」を見つけるには、**メンバーの「幸せの価値観」を知る**必要があります。want toは、その人の価値観に基づいているからです。

　コーチング思考に基づいたメンバーとの「対話」が欠かせない所以です。

問いの共有が主体的な社員を育てる

ピーター・ドラッカーはその著書『経営者の条件』(ダイヤモンド社/上田惇生訳)で、**「組織の業績に対し自分はどのような貢献ができるだろうか?」**という命題を掲げ、これを企業で働く全員が常に自分に問い続ければ、企業は成功への道筋をたどると言っています。望む結果を生むのは自分自身の責任であると一人ひとりが自覚しない限り、組織の成功は長続きしません。そのためには、会社全体で次のような未来に向けて問いを共有することが大切です。


「近い将来、起こりうるリスクには何があるだろうか?」

「我が社の製品・サービスは、いま世界一だろうか?」

「いま自分は仕事に情熱を持ち込んでいるだろうか?」

「自分にできることは何だろう?」

「他にできることは何だろう?」

問いの共有には大切な働きがあります。

問いの共有があれば、社内やチーム内で、部下にいつも声をかけ、その共有する問いについて自由に話しができ、対話することができます。

経営者に必要なことは、このように社員一人ひとりがもっと大きな世界からの視点や複数の視点を持てるような問いを投げかけることではないでしょうか。それによって組織のなかにおける自分の責任や役割に対する意識も高まるはずです。

「あなたが社員の成長のために働いている割合は全体の何%くらいですか?」

同じくドラッカーが『現代の経営』(ダイヤモンド社/上田惇生訳)でこう書いたのは1954年ですが、今こそ、この言葉の意味を噛みしめるべきときかもしれません。

読者の皆さんは、誰もが組織の成長を願っていると思います。しかし、そこに働く者の成長を真に願っている経営者はどれくらいいるでしょうか?

昨今多くの会社で、1on1ミーティングがブームのようになっていますが、目的は「社員の成長支援にある」ということが欠落してしまっている会社が少なくありません。

そのために、多額のコストをかけているにもかかわらず、「部下と何を話したらよいかわからない」「やっても無駄だ」といった声が聞かれます。目的を曖昧にしたまま、必要な教育もせずに、ただ「1on1がよさそうだからやれ」と言うだけでは、部下と向き合う上司も戸惑うばかりでしょう。

真に社員の成長のために仕事をしている組織には、人も集まります。

1on1をぜひ、未来のための対話の場にしてください。面倒なことと感じられるかもしれませんが、それが持続的成長への近道なのです。

あなたへの質問

1. もしあなたが何もしなかったら、何が起きますか？
2. あなたがやらなければならないと思っていることをすべて捨てたとしたら、何が残るでしょうか？
3. あなたに最高のコーチがいるとしたら、何を実現したいですか？

第7章

目指すのは「幸せの創造」

私利私欲のためではなく、他者に貢献できることをする。傍（はた）を楽（らく）にするために働く（はたらく）。他者を幸せにすることで自分も幸せになる。お客様、取引先、自社の社員、そして何より経営者自身を幸せにする「幸せ創造企業」をサポートしていきたい。それが私のパーパスである。

考え方を変えれば行動が変わる「コーチング思考」の原点

私事になってしまいますが、ここで、私が「人間は変わることができる」と思うようになった、学生時代のある出来事をお話しさせてください。

それが、私がいまエグゼクティブ・コーチングの仕事をしている原点だからです。


私は、新潟県の高校を卒業して東京の大学に進学しました、しかし家庭の事情で学費や生活費を自分で稼ぐ必要があったため、新聞奨学生制度を利用して学校に通うことになりました。これは在学中の4年間、新聞販売店で勤め上げれば、新聞社が学費を負担してくれる仕組みです。

新聞販売店には、さまざまな境遇の人たちがいました。

親御さんを亡くして苦労している若者もいれば、最近まで刑務所に服役していたという人もいます。本書で「異質なものの調和」について述べましたが、まさに、そのような環境でした。

初めて体験するそのような環境もさることながら、体力的にも精神的にも、新聞販売員の仕事は楽ではありませんでした。

朝3時くらいに起床し、朝刊にチラシを折り込む。３００部ほどを自転車に積み込み、担当エリアに向かう。3時間ほどかけて配達した後は販売店に戻り、寮で朝食をとる。大学に行って午後3時半ころに帰寮し、夕刊を配達。その後、集金やセールスを行う。これを、ほぼ毎日休みなく繰り返します。

若くて体力もあるので何とかなるだろうと思っていましたが、想像していたよりも身体的にも精神的にも相当ハードで、正直なところ、すぐに辞めたくなってしまいました。学校に行けば、周囲はみんな遊びに飲み会と、学生生活を満喫しています。どうしても「なぜ自分だけ……」という思いが出てしまうのです。

特に大変だったのはセールスでした。まだ学生の私が、はるかに年上の人を相手に「○○新聞を取ってもらえませんか？」と飛び込みで勧誘するのです。そうそううまくいくはずもありません。とはいえノルマもあるので、やらないわけにはいかず、先輩を手本にして、知らない人の家の玄関をノックする日々でした。

もう辞めたい、というのが顔に出ていたのでしょう。私のことを心配した店長が、一冊の本をくれました。それが、山本有三さんの『米百俵』です。長岡藩の重臣である小林虎三郎を主人公にした物語で、新潟県出身の私はとても興味深く読みました。小泉純一郎元総理が所信表明演説で紹介し、その書名が2001年の流行語大賞になったことを覚えている方もいるのではないでしょうか。

『米百俵』はこんな話です。

戊辰戦争で負け、困窮した長岡藩は、親戚筋の三根山藩から支援として米百俵を受け取ります。長岡藩士たちは「助かった、これでしばらく食いつなげる」と安心しますが、虎三郎は別の使い道を提案しました。「米を売り、学校を設立する資金に充てる」と言うのです。

明日、食うか食わずかという状況にあって何が学校かと、藩士たちは猛抗議をします。しかし虎三郎は「米百俵を食べればすぐになくなってしまうが、教育に充てれば明日の百万俵になる」と主張し、自説を貫き通します。

実際、このときに設立された「国漢学校」は、後に医学博士や政治家などさまざまな分野から著名人を輩出しています。「やってみせ、言って聞かせて、させてみせ、ほめてやらねば人は動かじ」という言葉で有名な海軍元帥の山本五十六もその一人です。

目先のことにとらわれず、未来に目を向けることの大切さをこの本から学びました。

そして、その日以来、仕事のやり方をいろいろ工夫することで、さまざまなことが好転するようになりました。

考え方を変えれば、人生を変えることができる。新聞奨学生時代に、私はそのことを学びました。

元旦の寒さの中、配達先でもらったお年玉

私は20代のころから一貫して、「中小企業の役に立ちたい」という思いを持って仕事をしています。そのきっかけも新聞奨学生時代の出来事にあります。

私が配達を担当していたのは、東京都文京区の小石川というエリアで、中小の印刷製本会社が立ち並んでいました。そして配達先約300件のうち、3分の1くらいは、そのような中小企業だったのです。

前向きに仕事に取り組むようになっても、新聞奨学生の仕事が体力的、精神的にきついことには変わりはありません。そのなかで癒やされ、励まされたのが、配達先の会社の方々が日々声をかけてくれることでした。

真夏に集金に行くと「お疲れさま。冷たい麦茶でも飲んでいきなよ」。私が4年生になると「卒業したら、うちで働かないか?」と、私を気遣ってか、事あるごとに声をか

けてくれたのです。

特に忘れることができないのが、元旦の出来事です。

寒さにかじかむ手で、普段の3倍の量の特別版を配達に行くと、玄関の前で印刷所の社長さんが白い息を吐きながら出迎えてくれたのです。

「あけましておめでとう。いつも配達ありがとうね。今年もよろしく」

そう言うと、にっこり笑ってお年玉を手渡してくれたのです。

この社長さんからは4年間毎年、お年玉をいただいていました。

元日の寒い朝に、新聞配達員である私にお年玉を渡すため、社長が自ら待ってくれている。

このことが何より温かく、心にしみました。

温かく支えてくれた皆さんに恩返しをしたい。

そんな思いで、大学卒業後は中小企業を支援できる仕事に携わろうと決意しました。

コーチングの最終目的は「ウェルビーイング（幸福）」の実現

コーチングの世界には、さまざまなコーチがいます。

コーチングを「目標達成の手段」と捉えているコーチも少なくありません。それも重要ですが、私はコーチングの目的をもっと広く捉えています。

私が考えるコーチングの最終目的は「ウェルビーイングの実現」です。

ウェルビーイングとは、幸福や健康、福祉など、文脈によってさまざまに訳されますが、もう少し詳しく解釈すると「身体的・精神的・社会的・経済的に良好な状態」です。

この定義をよく表しているのがＷＨＯ憲章です。日本ＷＨＯ協会のホームページには、次の訳文があります。

〝健康とは、病気ではないとか、弱っていないということではなく、肉体的にも、精神的にも、そして社会的にも、すべてが満たされた状態にあることをいいます〟

コーチングは、一人ひとりがこのウェルビーイングを実現するためにあると、私は考えています。そしてウェルビーイングを実現するために最も大切なのは、人生の目的、つまり理想の姿に向かっていくことです。

それは経営者も社員も同じです。

経営者の役割を果たしつつ、自分自身の幸せも大切にして、自分が満たされることで初めて、いい経営ができると思います。

社員も同じです。給料のためだけではなく、働く目的があるはずです。働くことで、精神的・社会的、あるいは身体的に満たされることがあるのではないでしょうか。そこに目を向けることが、ウェルビーイングの第一歩だと思います。

個人の幸せ一つひとつを大切にできる企業を一社でも増やすために、私はコーチングを行っています。

利他の精神で自己の最善を他者に与えつくす

本書で再三述べているパーパス（志）の根底に流れるものは何でしょうか？

それはもちろん経営者によって異なりますが、多くの人にとっては「利他の精神」ではないかと思います。

他者、そして世の中を思う気持ちが、経営者の力を最大限に発揮し、社員と心を一つにする志につながるのだと、私は考えています。

私利私欲のためではなく、他者に貢献できることをする。

傍（はた）を楽（らく）にするために働く（はたらく）。

他者を幸せにすることで自分も幸せになる。

最終消費者、取引先、自社の社員、そして何より経営者自身を幸せにする「幸せ創造企業」をサポートしていきたい。これが私のパーパスです。

約500社の創業に携わり、「日本資本主義の父」とされる渋沢栄一は、その著書『論語と算盤』で、「自分の利益を優先させ過ぎると、道徳を失って物の奴隷となってしまう」という趣旨のことを述べ、警鐘を鳴らしています。

また、こうも言っています。

「自分を愛する気持ちが強いなら、その分、社会もまた同じくらい愛していかなければならない」

世界的な企業のパーパスは、利他的で道徳的です。

トヨタ自動車の「人々を安全・安心に運び、心までも動かす。そして、世界中の生活を、社会を、豊かにしていく」。

アウトドア用品大手パタゴニアの「私たちは、故郷である地球を救うためにビジネスを営む」。

ファスナー製造で世界トップシェアを持つYKKの「善の循環」など、いずれも視線は自社のみに注がれているものではありません。

Facebook創業者のマーク・ザッカーバーグ氏は、2017年の講演で次のように述べています。

〝**目的（著者注：「目的」とはパーパスの意）とは、自分よりも大きいものの一部であるという感覚です。必要とされている、取り組むべきよりよいものに携わっているという感覚です。目的こそが、真の幸福をつくります**〟

（BuzzFeedNews『マーク・ザッカーバーグがハーバード大で語った「人生に目的が必要なわけ」』より）

経営においては、自分より大きいもの、つまり社会への貢献を目的にすることが、幸せにつながると、同氏も述べているのです。

本書で幾度となく紹介してきたアルフレッド・アドラーは精神科医であり心理学者であり、また社会評論家でもありました。そのアドラーの理論の基盤となっている考え方に「共同体感覚」があります。

共同体感覚は、他者の中で見出す自分の居場所と言えます。他者は自分の仲間であると信じることができ、その他者と結びつくことで、自分の生存の根拠を与えられていると思えるような感覚です。

他者から与えられるだけではなく、自分も他者に貢献することで、人間関係などの人生の課題に立ち向かっていくことができるとアドラーは考えました。

この共同体感覚は難解な概念であり、学者によって捉え方が異なります。精神科医の野田俊作先生は、共同体感覚を「自己受容」と「他者信頼」、「貢献感」の3つの要素で説明しています。

自己受容とは、ありのままの自分を受け入れることです。容姿や家庭環境、学歴、職業、人間関係など、人が現実に置かれている状況には、自分の意志では変えられないものもあります。自分のよいところも、ダメなところも含めて、自分にOKを出せることです。

他者信頼とは、文字通り他者を信頼できることです。経営者が「社員には任せられない」として自分ですべてやってしまうと、自分の負担ばかりが大きくなって社員も育ちません。

貢献感は、周囲の人や社会の役に立っているという感覚です。

これら**「自己受容」「他者信頼」「貢献感」の3つが高ければ高いほど、共同体感覚が満たされ、人は幸せを感じる**というのです。

組織のさまざまな問題も、この3つを高めることで解決できるのではないかと私は考えています。「自分にとってどんな意味があるのか」「自社にとってどんな意味があるか」と発想するのではなく、「すべての人類にとってどんな意味があるか」「自然環境や動植物を含む生態系全体にどんな意味があるか」と発想することが、これからの企業経営にとって、非常に重要な視点ではないかと思っています。

自分を受け入れ、社員を信頼し、世の中に貢献する。

この三つを目指していくことが、経営者の幸せと健全な組織づくりにつながるのではないでしょうか。

あなたへの質問

1. あなたの幸せ度は何%ぐらいですか？
2. あなたが悩んでいることの真実は何だと思いますか？
3. どんな考え方を採り入れたら、あなたの未来はもっと好転しますか？

できていない	1	2	3	4	5	できている
持っていない	1	2	3	4	5	持っている
できていない	1	2	3	4	5	できている
できていない	1	2	3	4	5	できている
持っていない	1	2	3	4	5	持っている
できていない	1	2	3	4	5	できている
できていない	1	2	3	4	5	できている
できていない	1	2	3	4	5	できている
できていない	1	2	3	4	5	できている
できていない	1	2	3	4	5	できている
できていない	1	2	3	4	5	できている
できていない	1	2	3	4	5	できている
できていない	1	2	3	4	5	できている
できていない	1	2	3	4	5	できている
できていない	1	2	3	4	5	できている
できていない	1	2	3	4	5	できている
できていない	1	2	3	4	5	できている
できていない	1	2	3	4	5	できている
できていない	1	2	3	4	5	できている
できていない	1	2	3	4	5	できている
できていない	1	2	3	4	5	できている
できていない	1	2	3	4	5	できている
できていない	1	2	3	4	5	できている
持っていない	1	2	3	4	5	持っている
できていない	1	2	3	4	5	できている
できていない	1	2	3	4	5	できている
できていない	1	2	3	4	5	できている
できていない	1	2	3	4	5	できている
できていない	1	2	3	4	5	できている
できていない	1	2	3	4	5	できている
できていない	1	2	3	4	5	できている
できていない	1	2	3	4	5	できている
できていない	1	2	3	4	5	できている
できていない	1	2	3	4	5	できている
持っていない	1	2	3	4	5	持っている
できていない	1	2	3	4	5	できている
できていない	1	2	3	4	5	できている
できていない	1	2	3	4	5	できている

リーダーシップ自己点検アセスメント

「リーダーシップ自己点検アセスメント」は、ご自身のリーダーシップ成長度を自己点検するためのものです。

それぞれの質問について「できていない」「持っていない」～「できている」「持っている」まで、最低1～最高5として、5段階で評価してください。

また、周囲の仲間とかチームメンバーの皆さんに評価してもらい、フィードバックを受けるのも効果的です。


もし、2以下の評価がある場合には、自分だけでなく、周囲に悪影響を与えている可能性があります。

「何が原因でこうなっているのか」「本当はどうありたいのか」について考えてみるとよいでしょう。

リーダーとしてのベース	あるべきリーダー像を描き、その実現に励んでいる
	熱い情熱を持っている
	誠実性を発揮している
	多様性の大切さを理解し、積極的に受け入れている
	高いレベルで利他精神を持っている
理念経営力	組織のミッション・ビジョンを明確に組織内に伝えている
	組織のミッション・ビジョンの実現に向けて具体的なアクションを実践している
	組織のミッション・ビジョン実現の進捗を組織内に明確にフィードバックしている
チーム運営力	自分の成果よりも部下の成果を優先している
	優位な立場に甘んじず、メンバーと積極的に情報共有をしている
	適切に相手を承認し、フィードバックを行っている
	適切な権限移譲を行っている
	不適切なマイクロマネジメントを行っていない
	組織の会議やミーティングでメンバーは活発に発言をしている
コミュニケーション力	人の話を途中で遮らず、最後までじっくり聴いている
	相手の特徴によりコミュニケーションの取り方を調整している
	メンバーに感謝して、ためらうことなく伝えることができている
	必要な情報共有を確実に行っている
	話の内容だけでなく、表情や声トーン、雰囲気を観察してコミュニケーションをしている
	相手の理解度に合わせて話し方、内容を変えている
	メンバーから相談しやすい雰囲気を意図的につくっている
人材育成力	熱心にメンバーの育成に取り組んでいる
	メンバーの成長の機会となる業務を意図的にアサイメント(割り当て)している
	メンバーの成長やキャリアに興味関心を持って接している
	メンバーが困っているときに適切にサポートしている
セルフコントロール	他人を傷つける不適切な皮肉やコメントはしていない
	自分の自慢話や賢さをひけらかさない
	一方的に自分の考えを押し付けるのではなく、効果的な質問をしている
	他人の発言に対して、何か一言自分の価値を付け加えようとはしない
	周囲からのフィードバックを素直に受け入れる
	冷静で感情のブレが少ない
	謙虚で傲慢になるようなことはない
変革力	成果を出すことに主体的に取り組んでいる
	まず自らが動き率先垂範を示している
	企業カルチャー、組織風土づくりに強い関心を持っている
	迅速に仮説と検証を行い、成功確度を高めている
	中長期的な視点で戦略思考を持ち、イノベーションを起こそうとしている
	ステークホルダーを巻き込み、変化を強力に推進している

あとがき

約30年前、私が公的な中小企業の支援機関で働いていたときのことです。

「ケーキ屋を始めたい」という20代前半の女性が事務所を訪ねてきました。

話を聞いてみると、彼女は建築会社で事務の仕事をしていて、ケーキ屋で働いた経験はないと言います。

「どうしてケーキ屋をやりたいと思ったのですか？」
そう尋ねる私に、彼女は
「小さなころからの夢なんです」と答えました。

じつは彼女は、両親の顔も知らない、施設育ちだったのです。

お菓子づくりが好きだった彼女は、子どものときから職員を手伝ってケーキをつくっていたところ、それが大評判で、施設の職員も子どもたちも、そのケーキを食べているときはみんな笑顔になっていたそうです。

そこで彼女は、大人になったら皆を笑顔にできるケーキ屋をやろうと思っていたのだと話してくれました。

一般的には、経験もなく、また年も若い女性にこのような相談をされても「難しい」という判断をします。しかしそのときの私は、彼女の境遇と、それにくじけず夢を叶えようとするひたむきさに心を打たれ、次のことを提案してみました。

「これから1年間、次の二つに取り組んでみましょう。1年後もまだ気持ちが変わらないようでしたら、あらためて相談に来てください。まず、ケーキ屋でアルバイトし、仕入から接客までよく勉強すること。そしてもう一つが、事業資金として、1年間で100万円を貯めること。いかがですか?」

彼女は「頑張ってみます」と言って、その日は帰っていきました。

1年後、彼女は約束どおり私を訪ねてきました。

「ケーキ屋で1年間アルバイトをしました。貯金は80万円あります。100万円には届きませんでしたけど、なんとかなりませんか？」

彼女は本気だ、と思いました。

そこで私も事業計画書の作成や物件探しなど、開業に向けて彼女のサポートを始めました。

そして　彼女が私のもとを再訪してから1年半後、ついに東京郊外に念願のケーキ屋さんをオープンすることができたのです。そのお店は、ケーキの美味しさと彼女の笑顔で、小さいながらも地元でも評判のケーキ屋さんになりました。

しかしオープンから1年後、予想もしていなかったことが起こります。

彼女は病に侵され、お店を開けることができなくなってしまったのです。

彼女の病状は好転することなく、3年後、26歳の若さでこの世を去りました。

知らせを聞いて私は言葉を失ってしまいました。

「さぞかし悔しかっただろうな……」

そんなふうに考えていた私のもとに、共通の知人を通じて、驚くような話が届けられました。

闘病生活のなかで、彼女は「お店を持つことができて幸せでした」というメモを残していたというのです。私はそれを聞いて涙が止まりませんでした。


今でも、セッション中に、熱く夢を語る経営者の皆さんを見ると、ふと彼女のことを思い出します。

事業経験もなければ資金もない。そんな彼女がゼロから道を切り拓きました。

そして、まだまだあったはずのやりたいことを途中で諦めざるをえなくなってしまっても、夢を叶えられて幸せだった、と感じていたのです。

「夢を追い、頑張る経営者を応援したい」

私がそう思うきっかけの一つとなった出来事です。


コーチングは時に「Journey（旅）」のようなものだと言われます。

「Trip（旅行）」は、ある目的のためにどこかへ行って帰ってくることを指しますが、Journeyは、どこかへたどり着くことよりも、その旅路の途中で得られる学びや気づき、成長などのプロセスを重視します。

言うまでもなく、コーチングのクライアントは一人ひとり違います。

一つのやり方で通じるようなものでないだけに、再現性がなく、なかなか理解されにくいものですが、本来すべての人が身につけてほしい、人間としての在り方を示しています。

私自身、コーチングに出会い、そして多くの人にコーチングをすることで、誰よりも自分が一番学ばせてもらっています。

このような、コーチングという素晴らしいものに出会えたことに感謝しています。

自分のことは、わかっているようで、じつは一番わからないですよね。

鏡を見なければ自分が見えないように、私たちの内側にはまだまだ知らない自分がいます。

コーチングの本質は、自分は何者なのかを探求し続ける旅のようなものとも言えます。

「本当の自分」とよく言いますが、「本当の自分」とは何でしょう?

私たちはさまざまな顔を持っています。

父親、母親としての自分、息子、娘としての自分、経営者としての自分、上司としての自分、部下としての自分、友人Aと接するときの自分、友人Bに見せる自分、先生の前で見せる自分、温和な自分、怒っている自分、陽気な自分、淋しがりやの自分……。

どれもが真実で、それぞれが重なったところに自分が存在しています。


自分が何者なのかを探求する旅は、まさに永遠の「Journey」です。

たった一つの本当の自分がいるのではなく、さまざまなチャレンジを重ねながら新たな自分に出会い、自分の可能性を発見していく旅です。

コーチングとは、一人ではなかなか見ることが難しい枠の外、まだあなたが見ていない世界を一緒に探求していくことです。


私が目指す理想のコーチ像は「菩薩コーチ」です。

菩薩のようにいつも柔和な表情で、そこに存在するだけで人々に安心や勇気を与えることができる――。

そんなコーチを目指して、私はこれからも修行の旅を続けたいと思います。

ぜひ読者の方々も、苦しいときや困難に出会ったときは、経営者として実現したい夢や目標を思い出し、自分の歩みを止めようとするものをコーチング思考によって乗り越えてください。

夢を叶えられる経営者の皆さんは、社会に希望を与えられる存在です。

元気で明るい中小企業が増えれば、世の中の多くの人が幸せになるはずです。

本書が一人でも多くの経営者の方を笑顔にすることができれば、これにまさる喜びはありません。

最後に、出版社の株式会社マネジメント社代表取締役安田喜根様、本書の企画から編集までご指導いただきました吉田浩様、滝口雅志様、本当にありがとうございました。

また、ビジネスパートナーの坂本樹志、中村智昭両氏にも、さまざまなサポートをしてもらいました。
そして、何よりいつも私を支えてくれている一般社団法人日本エグゼクティブコーチ協会会員の皆さん、株式会社コーチビジネス研究所（ＣＢＬ）コーチングスクール卒業生、在校生の皆さん、ありがとうございます。皆さんの応援のお陰で本書が生まれました。
心から御礼申し上げます。

本書を書いている２０２４年1月1日に能登半島地震が発生しました。新年のお祝いの日にこのような大地震に見舞われた被災者の皆さんのご心痛を思うと言葉もありません。被災者の皆さまの一日も早い復興をお祈りしつつ、これまで支えてくれた関係者の皆様に感謝して筆をおかせていただきます。

２０２４年3月

著者
五十嵐久

五十嵐　久（いがらし・ひさし）
一般社団法人日本エグゼクティブコーチ協会会長
株式会社コーチビジネス研究所代表取締役
JEA 認定エグゼクティブコーチ
国際コーチング連盟認定プロフェッショナルコーチ
中小企業診断士

新潟県出身。

公的な中小企業支援機関職員、中小企業診断士、エグゼクティブコーチとして 5,000 社、コーチング実績 1 万時間以上の支援に携わってきた中小企業支援のエキスパート。“経営者一人ひとりにコーチを”というビジョンを掲げ、エグゼクティブコーチの養成とコーチングの普及に努めている。


【主な著書・執筆】

著書『コーチング・ビジネスのすすめ』(合同フォレスト)、執筆『社長の想いを軸にするパートナー型コンサルティング』『伴走支援とコーチング』(『企業診断』同友館) 等がある。

■一般社団法人日本エグゼクティブコーチ協会　https://jea.jp/
■(株)コーチビジネス研究所　https://coaching-labo.co.jp/
■ e-mail: h.igarashi@coaching-labo.co.jp

読者プレゼント
「経営者のための質問ノート」を無料でダウンロードできます。
下記にアクセスしてダウンロードしてください。
https://coaching-labo.co.jp/q-note

《マネジメント社 メールマガジン『兵法講座』》

作戦参謀として実戦経験を持ち、兵法や戦略を実地検証で語ることができた唯一の人物・大橋武夫（1906 ～ 1987）。この兵法講座は、大橋氏の著作などから厳選して現代風にわかりやすく書き起こしたものである。

ご購読（無料）は

https://mgt-pb.co.jp/maga-heihou/

■出版プロデュース　吉田　浩（株式会社天才工場）
■編集協力　滝口雅志
■カバーデザイン　飯田理湖

コーチング思考

2024 年 4 月 15 日　初版　第 1 刷発行

著　者　五十嵐久
発行者　安田喜根
発行所　株式会社 マネジメント社
東京都千代田区神田小川町 2-3-13
（〒 101-0052）
TEL　03-5280-2530（代）
FAX　03-5280-2533
ホームページ　https://mgt-pb.co.jp
印　刷　モリモト印刷 株式会社

ISBN　978-4-8378-0519-9 C0034